UN MAL QUI NE SE DIT PAS

ANNE BOUFERGUÈNE

UN MAL
QUI NE SE DIT PAS

Récit

ROBERT LAFFONT

Les droits d'auteur de ce livre
seront reversés à l'association AIDES

ISBN : 978-2-221-12590-8

Je l'ai dit pour Camille et Eliott,

et pour les 30 millions de morts de l'épidémie de sida

Grosse fatigue

Tout a commencé par une très grande fatigue, de ces fatigues qui durent, et qu'on endure jusqu'au jour où l'on ne peut plus marcher à force de courbatures, jusqu'au jour où l'on se dit qu'on ne pourra pas continuer comme ça, jusqu'au jour où l'on accepte de ne plus faire semblant. Cela faisait douze mois que j'avais les jambes en coton, que je faisais des efforts pour ne pas vaciller à chaque pas.

Alors j'ai tout arrêté. Finies les journées de quinze heures de travail, fini le beau bureau dont la superficie dénote l'important niveau de responsabilité ; fini de faire la chef, fini de me prendre au sérieux dans mon tailleur griffé ; fini de monter dans ma belle voiture soir et matin ; fini de me perdre dans ce travail sans autre sens que celui de ma propre réussite sociale ; fini d'y consacrer toute mon énergie en évitant, surtout, de réfléchir à mon parcours.

Être une « winneuse », amasser plus chaque année, quel vide vertigineux !

Tant de regards d'envieux sur ma trajectoire, tant de regards de fierté de ceux qui m'ont élevée, parce que « réussir », c'est épouser les valeurs que la société édicte, c'est devenir quelqu'un. C'est penser qu'on va mettre nos enfants à l'abri, qu'on va tisser pour eux un cocon matériel propice à leur épanouissement. C'est perdre toute notion de ce que peut être le bonheur véritable. Celui que l'on ressent, et non celui que l'on affiche.

Crise de la quarantaine, diront beaucoup. Pourtant, je n'ai que trente-sept ans !

Me retourner un jour sur mon passé et en éprouver un peu de fierté, voilà juste à quoi j'aspire aujourd'hui.

Chanel

Tous les matins, je montais dans mon Audi Q5, en tailleur Paule Ka, une de mes bagues Chanel assortie à mon tailleur. Style classique qui révélait au premier coup d'œil mon appartenance sociale.

Je m'exprimais de belle manière, ce qui me plaçait aisément dans la catégorie des enfants de la haute, ceux qui ont tout eu pour réussir. Mon titre, accroché à mon tableau de chasse à l'âge de trente-quatre ans : directeur général d'une grande entreprise de service. Il couronnait un parcours professionnel, rondement mené, d'auditeur dans un grand cabinet, à directeur financier de la société dont je finirais par prendre les rênes.

Aucune ambiguïté sur la personne : une jeune femme à l'ambition dévorante que rien n'arrête. Un de mes précédents boss, dans mes premières années professionnelles, m'avait surnommée « Pitbi » pour petit Pitbull : le chien qui ne lâche jamais une fois qu'il a refermé sa mâchoire sur sa proie.

La carapace était lisse, et le cœur inaccessible, comme chez ceux dont le niveau de responsabilité ne permet plus de montrer leurs sentiments.

L'illusion que je donnais, si éloignée de ce que je suis vraiment, du milieu dont je suis issue, me protégeait, et j'aimais cette carapace. Ma bague Chanel était un symbole de cette protection, de cette distance que je m'étais appliquée à mettre entre l'être et le paraître. Dissimulée derrière cet accessoire, je n'étais pas reconnaissable. Et je me moquais bien de savoir si ce style correspondait ou non à mes goûts : c'était avant tout le choix esthétique le plus efficace. Mes bagues et mes tailleurs griffés étaient devenus mes anges gardiens, moi qui étais finalement si honteuse de ce que je portais au plus profond de moi-même. Alors, j'en mettais plein la vue, pour ne jamais pouvoir lire dans les yeux de quiconque autre chose que de l'admiration, pour qu'en aucun cas, rien ne puisse laisser soupçonner l'existence du mal qui m'habitait.

Cochin mon amour

Alors, cette grande fatigue qui m'habite aujourd'hui me conduit tout naturellement à l'hôpital Cochin, où je suis suivie depuis maintenant douze ans. C'est devenu, au fil des années, mon *dating* le plus régulier de la capitale. Dès que j'ai une douleur inexpliquée, je me rends au pavillon Achard, consultation de médecine interne.

Le bureau d'accueil a toujours été en foutoir depuis que je fréquente ce lieu, les sourires y sont assez rares. Derrière ce bazar, un long couloir de chaque côté duquel les boxes de consultation se remplissent du matin au soir, et où se succèdent les docteurs de différentes spécialités : des grands noms de la médecine aux plus petits. Au centre, des espaces d'attente où des efforts d'arrangement et de décoration ont été faits ces dernières années, dans lesquels les patients continuent à arborer leurs mines graves et inquiètes.

Je rencontre le médecin qui me suit depuis toute cette période. Au début, je le consultais en alternance avec le professeur responsable de la spécialité pour laquelle je suis soignée. Ce qui est rassurant à l'hôpital, c'est d'avoir affaire à un collectif de praticiens, au sein duquel on peut choisir de consulter un médecin plutôt qu'un autre parce qu'il incarne le mieux, selon ses propres affinités, le travail de ce collectif. Pour moi c'est Benjamin S. J'aime bien Benjamin. Je l'ai rencontré en 1998 à la consultation du soir. Nous ne parlons généralement pas plus qu'il n'en faut, et moins cette rencontre dure, mieux je me porte ; mais j'apprécie son humanité, son calme, sa disponibilité, même si je n'en abuse jamais. Au fur et à mesure, j'ai choisi de ne plus voir que lui parce qu'il m'était sympathique.

Mais si je suis là, ce n'est pas pour mon suivi médical habituel. Rien à voir. J'explique donc à Benjamin que, cette fois-ci, j'ai vraisemblablement un tout autre problème, et qu'il faut qu'on investigue. Cette fatigue inexpliquée dure depuis trop longtemps pour qu'il n'y ait pas quelque chose de grave ; j'en ai le pressentiment. Il me recommande d'accepter de me reposer et me prescrit un arrêt maladie (le premier de toute ma carrière en dehors des congés maternité), puis nous lançons la grande batterie des examens, largement facilitée par son intervention dans les différents services de l'hôpital. Je ne me suis jamais plainte de rien, et c'est la première fois que j'exprime un mal-être ; Benjamin m'a donc prise très au sérieux, et n'a pas lésiné sur les moyens. J'enchaîne presque sur-le-champ bilans sanguins approfondis, échographies abdo-pelvienne et du cœur, radio des poumons, IRM cérébrale, examens ophtalmiques et gynécologiques, mammographie. Mais non, décidément rien, ou plus précisément rien de nouveau. Comment puis-je me retrouver dans cet état sans RIEN avoir ?

Je dois préciser que si je me rends à cette consultation tous les six mois, ça n'est que pure formalité : le renouvellement d'une ordonnance pour soigner cet hôte indésirable que j'ai terrassé depuis longtemps, ce minable, ce rat d'égout, cette mauviette, ce raté que je feins d'ignorer totalement.

Alors quand j'ai pensé avoir quelque chose de « vraiment » sérieux, cette fois-ci, nous avons cherché ailleurs. Dans mon esprit, il était impensable que cette fatigue puisse être liée à ma pathologie ! Et moins encore aux traitements qu'il m'imposait et que je supportais depuis tant d'années, sans pour autant m'en sentir diminuée. Voilà ce que je pensais alors.

Il est vrai que mes compagnons de salles d'attente ont parfois d'étranges allures, des joues creusées, des pantalons que leurs fesses ne remplissent plus depuis longtemps, le teint gris. Mais mon regard les fuit. Je fais comme si je n'avais rien à voir avec eux.

Alors, si je suis épuisée, ça n'est certainement pas ce dégonflé qui en est à l'origine. À lui, je lui ai réglé son affaire depuis longtemps. C'est forcément que j'ai autre chose. Parce que là, j'en suis sûre, je ne vais pas bien. Et je n'ai pas passé vingt-deux ans avec ce rigolo, qui pensait m'anéantir en un rien de temps, sans aucun signe de faiblesse, en réussissant tout ce que j'entreprenais, pour accepter aujourd'hui de me reposer pour rien. Il y a forcément quelque chose, j'en suis certaine.

Bon sang, faites votre boulot, et cherchez ! Écoutez-moi, un peu. Je ne suis pas n'importe qui, vous comprenez ? Alors quand je dis que j'ai quelque chose, on y va et on trouve !

Mais, non, inutile de m'énerver, toujours aucune explication à ma fatigue.

C'était qu'il me faudrait encore quelques semaines pour comprendre que celui que j'avais enfoui tout au fond de moi depuis vingt-deux ans était en train de préparer sa sortie au grand jour. Et ça, je ne le savais pas encore.

Burn out

Voilà quatre semaines que je suis à la maison, avec mes amours, ceux qui font mon bonheur, ceux dont je pensais être privée.

Ils sont là, Marie, ma fille chérie, neuf ans, Pierre mon fils adoré, cinq ans. Ils sont beaux. Je les aime. Ils sont tout.

Quand ils rient, je monte au septième ciel.

Quand je les respire, c'est plus fort que tout.

Dorénavant, je suis présente à toutes les sorties d'école, je suis là pour toutes leurs activités extrascolaires. Je suis là, mes amours. Pourquoi Maman ne va plus au travail ? Pour rien. Maman, elle est fatiguée. De quoi ? De rien. Mais Maman, elle est heureuse, parce qu'elle est avec vous, parce qu'elle vous regarde, parce qu'elle vous aime, et puis que plus rien n'a d'importance, à part vous.

Au boulot, on s'inquiète. Qu'est-ce qu'elle a, la *superwoman* ? Elle est fatiguée ? Ben oui. Faut pas s'étonner, non plus. Finalement, elle est comme tout le monde. Elle aussi, elle peut se fatiguer. Elle a craqué, elle est cramée, en *burn out*, finie, quoi.

Mais non. Vous n'avez rien compris. Comparé à ce que je vis depuis vingt-deux ans, ça n'est pas la petite surchauffe des derniers mois qui peut suffire à me faire tomber. C'est du pipi de chat, les gars, ce qu'on vient de traverser ! Mais, c'est vrai, vous ne pouvez pas comprendre, puisque vous ne savez rien. Alors, d'accord, si vous voulez, j'ai craqué. Parce que oui, je suis fatiguée, et oui, je ne me relève pas.

Bon, assez ri. Je viens de faire trente minutes de marche à pied, et je vais devoir me reposer deux heures pour récupérer. Habituellement, après des semaines de soixante-quinze heures, je cours dix kilomètres tous les dimanches, avec mon mari et les enfants en vélo, et rien ne nous arrête. Ni la pluie, ni la neige, ni la chaleur. Je suis une *winneuse.* Et toute la famille en est l'expression.

Mais là, trente minutes de marche d'escargot, et puis dodo. Laissez-moi un peu, les enfants, Maman doit récupérer.

Récupérer de quoi ?

Bon, je te l'ai dit, on a assez ri. Allez, toi, sors de ta cachette, et viens, je suis prête, je vais enfin pouvoir t'affronter.

Tu es né le 21 juin 1988

La première fois qu'on s'est rencontrés, que tu t'es présenté à moi, c'était un jour de juin 1988. J'avais quinze ans, et sortais d'une adolescence un peu compliquée… En soi rien d'exceptionnel, sauf peut-être le fait de « sortir » de l'adolescence à quinze ans. Mais j'y reviendrai plus tard.

La gynécologue nous avait écrit pour nous donner un rendez-vous. À cette époque, on écrivait. C'était un autre temps. Maman m'accompagnait. Nous étions dans la salle d'attente, et notre tour venu, le docteur a déclaré qu'elle voulait d'abord me voir seule. Ça n'était pas de très bon augure.

Je me suis assise. Elle m'a dit : j'ai le résultat de vos analyses. Précocement pubère, je consultais cette femme depuis déjà quelques années, jusqu'au jour où elle s'était étonnée de mycoses à répétition chez une si jeune fille. Elle avait alors lancé une série d'examens dont j'ignorais la nature. Le résultat était là, qu'elle m'a livré sans détour : « Vous êtes porteuse du virus du sida. »

De ce virus, j'avais vaguement entendu parler, comme d'une rumeur de fin du monde à laquelle il était difficile de croire. Tout ce que je savais, c'est qu'on en mourait vite. Alors que pouvais-je lui répondre ? C'était forcément un mauvais rêve. L'information était tellement incohérente, tellement improbable, qu'en me réveillant, je m'apercevrais que tout cela n'était qu'un cauchemar, de ceux qui permettent d'exorciser nos pires démons. Mais j'avais beau essayer de me réveiller, la scène ne bougeait pas. La gynécologue était toujours là, face à moi, désolée, désemparée. Alors, j'ai éclaté en sanglots. Il fallait bien que je fasse quelque chose. Elle m'a demandé si elle pouvait appeler ma mère. J'ai dit oui. Maman est entrée, m'a vue en pleurs, a demandé ce qui se passait d'un air affolé, comme si je venais de me faire renverser par une voiture et que je ne respirais plus. Ne t'inquiète pas, Maman, ça n'est rien, je ne suis pas morte, pas encore.

Puis, le médecin lui a annoncé la chose, aussi froidement qu'à moi. Elle a appelé devant nous le professeur P. pour que je sois prise en charge à l'hôpital. La date du rendez-vous a été fixée une dizaine de jours plus tard… Quand la cause est perdue d'avance, il n'y a pas d'urgence ! Cette consultation avait duré quinze minutes en tout et pour tout. La gynécologue paraissait soulagée d'avoir fait son annonce. Pour notre part, nous étions sacrément lestées.

Nous sommes reparties comme nous étions venues.

Ma mère et moi avons longé, assommées, la salle d'attente, et j'ai eu l'impression que tous les regards étaient rivés sur nous, comme si chacun pouvait deviner le caractère tragique de l'événement qui venait de se dérouler.

Je dois cependant à cette femme d'avoir eu le recul et le sérieux médical de faire pratiquer une sérologie VIH en juin 1988 à une jeune fille de quinze ans, sans se soucier des préjugés – en vigueur à l'époque – sur les porteurs supposés de ce virus. Cela, je ne l'ai jamais oublié. Bien que ma prise en charge médicale ait été assez limitée dans les années qui suivirent, « savoir », c'était déjà « pouvoir » combattre. Je n'oublierai cependant pas non plus la froideur de cette annonce, ni l'absence de proposition de prise en charge psychologique, dans le cadre d'une information qui valait, dans ces années-là, condamnation à mort, et, qui plus est, d'une adolescente. À l'époque, ce réflexe n'existait pas non plus chez les patients, ni leur famille. Nous n'avons donc pas envisagé d'y avoir recours. Est-ce que ce fut une erreur ? Difficile à dire. Quoi qu'il en soit, la question ne s'est même pas posée. N'est resté que le souvenir d'un moment d'une violence inouïe.

Tu venais d'entrer dans nos vies, et tu allais tout chambouler.

D'abord, il allait falloir faire quelques présentations. Nous avons repris le chemin de la maison, et sur le trajet en voiture, j'ai écouté une cassette. Eh oui, en 1988, on avait des autoradios cassettes... C'était un morceau de Rod Stewart, qui m'est resté en mémoire : « Baby Jane don't leave me hanging on the line... » Moi aussi, j'étais suspendue à cette ligne de vie qui venait soudain de se briser.

Rien ne me terrorisait plus que l'idée de parler à mon père, et plus nous nous rapprochions, plus j'étais crispée. Je ne pouvais même plus pleurer. J'étais responsable, donc coupable, du malheur que j'introduisais dans notre famille.

Mais Papa avait de la visite. Je me suis sentie soulagée de ne pas avoir à l'affronter. J'ai filé me réfugier chez nos amis qui occupaient le rez-de-chaussée de notre maison. Ils n'étaient pas là. Je pourrais souffler quelques instants sans être dérangée.

Quand un enfant a honte de sa dernière bêtise, il monte quatre à quatre les marches de l'escalier (quand il y en a un), s'enferme dans sa chambre, en interdit l'accès à ses parents et pleure la tête sous l'oreiller. C'est ce que j'ai fait dès que le chemin de ma chambre s'est libéré. Meurtrie au plus haut point, je me suis cloîtrée dans ma tanière, et j'y ai soigneusement déposé mon secret.

C'est donc Maman qui a annoncé ton existence à Papa. Je ne sais pas comment. Je n'étais pas présente.

Depuis lors, par pudeur et peut-être par honte, mon père ne t'a jamais évoqué directement devant moi. Le choc était si inattendu que même mes parents en avaient perdu leur langue. On ne connaissait rien sur cette saloperie. Alors, difficile de trouver des mots de réconfort. « Ça n'est rien ma chérie, tu vas t'en sortir » ? Pas recevable. « On va appeler le médecin bidule qui va nous aider » ? Pas question de parler au médecin bidule, qu'on côtoie toutes les semaines, de la gamine qui vient de ramasser le sida (à cette époque, être infecté par le VIH équivalait dans le langage courant à être malade du sida, les deux statuts étant assimilés l'un à l'autre). Il nous prendrait pour des cinglés. Finalement, il ne s'est rien passé, rien n'a été dit, aucune colère, aucun désarroi n'ont été exprimés, juste un silence assourdissant qui s'est installé autour de moi. Ma culpabilité m'apparaissait de plus en plus évidente.

Mais, quelques heures plus tard, mes larmes avaient séché. Mon combat avait commencé. Le seul constat auquel je me suis résignée ce jour-là, c'est que je n'aurais jamais vingt ans. Alors, il allait falloir me laisser aller plus vite, et faire en sorte que chaque année compte pour dix.

À partir de ce moment, j'ai décidé de prendre en main ma destinée. Cette différence qu'on n'avait pas voulu me reconnaître pendant mon enfance, j'en tenais cette fois-ci la preuve irréfutable. J'étais devenue *incontestablement* différente. Peu importaient les années qu'il me restait, j'allais enfin vivre à un rythme effréné, et cette fois-ci, personne ne pourrait plus m'arrêter.

Je lui avais pourtant bien dit, à mon père, que j'étais une fille précoce, il fallait qu'il l'accepte. À vingt ans, sur mon lit de mort, j'aurais l'air d'en avoir soixante. Lui, il en aurait quarante-huit.

Le poids des années

Cinq semaines maintenant que je suis arrêtée. Tu crois que tu m'as coincée ? Non, je vais revivre, mon pote.

La carapace se craquelle, certes. Mais qu'est-ce qu'elle était lourde et embarrassante. J'ai levé le heaume, et je respire enfin. Mes sens s'éveillent à nouveau. J'entends battre mon cœur, j'observe les gens, les choses, et, curieusement, je me sens apaisée, d'un calme olympien ! Je crois que mon voyage intérieur a démarré. Tout remonte à la surface, mais sans crise, sans douleur, sans peur.

J'ai mis mes bagues Chanel dans un tiroir. Les tailleurs Paule Ka au placard. Et je ne me déplace plus en Q5. Je préfère le métro et la marche à pied. Je ne quitte plus mon jean ni mon gros gilet beige. Je m'y sens comme dans un cocon.

Pour la première fois, j'accepte le temps qui passe. J'ai stoppé cette course contre la montre. J'ai trente-sept ans, et, aujourd'hui, il est loin le temps où je pensais ne jamais passer la vingtaine. Pourtant, il y a un mois encore, je me battais comme si je ne les avais jamais atteints, ces vingt ans ! Comme si chaque année devait continuer à en contenir dix de plus.

Mais, là, je suis épuisée, comme si je souffrais de vieillissement prématuré. Même le boucher me l'a dit ce matin, au marché (car, oui, je fais mon marché, maintenant) : « Vous parlez toute seule, vous êtes bien trop jeune pour ça ! » Il avait vu une émission qui expliquait que cette habitude était un symptôme précurseur d'Alzheimer ! C'est vrai, je ne trouve plus mes mots, je marche tout doucement, je souris bêtement de tout. J'ai l'impression d'être entrée dans le troisième âge !

Alors, désormais, je vais m'appliquer à tout inverser. Je vais m'emplir du temps qui s'écoule, et non le remplir. Pour durer, il va falloir accepter de lâcher prise. Je sais que ce sera difficile : à l'ivresse des premières semaines de relâchement, succédera bientôt la peur du vide. Mais, cette fois, je vais devoir résister à mes démons. Dans cette société où la suractivité est une valeur reine, valeur que j'avais si parfaitement intégrée pour mener à bien ma stratégie du caméléon, le camouflage était parfait. Mais aujourd'hui, qui suis-je vraiment ?

Ma suractivité était une fuite, une impasse, et ma réussite sociale m'apparaît désormais comme un signe de pauvreté morale. Je dois me reprendre. Je dois songer à ne plus me soumettre, à entrer en résistance. Sinon, demain, que vais-je raconter à mes enfants ?

Enfant précoce

Dans les années 70, on ne parlait pas encore aussi fréquemment d'« enfants précoces ». Cela n'était pas un motif d'inquiétude pour les parents, contrairement à aujourd'hui où l'on constate une nette tendance à voir en sa progéniture, au moindre signe de mal-être, des génies incompris du système éducatif.

À partir des années d'école primaire, j'ai le souvenir d'un sentiment de décalage permanent avec les enfants de mon âge. Mes préoccupations étaient très différentes des leurs ; elles étaient, en quelque sorte, plus évoluées, mais, à cette époque, j'en éprouvais un sentiment de malaise profond. Les jeux de mes camarades n'étaient pas les miens ; et, aussi loin que je m'en souvienne, je ne jouais d'ailleurs jamais. Pour m'occuper, je vivais dans mon imaginaire et me racontais des histoires assez loufoques, prolongement direct de ce que je percevais du monde des adultes et qui me fascinait. Je n'ai à cet âge jamais invité non plus de petits copains à venir jouer à la maison, jamais fêté un anniversaire avec eux. Mon regard était constamment tourné vers les plus grands, auxquels je m'identifiais sans pour autant faire partie de leur cercle. Par la force des choses, j'étais donc très solitaire. Au final, je ne me sentais à l'aise qu'avec mes parents et leurs amis. Je me réjouissais des fêtes qu'ils donnaient, de l'effervescence de leur monde, et demandais régulièrement si nous avions des… invités. Le soir, je restais avec eux à les écouter parler, jusqu'à tomber de fatigue.

Par ailleurs, j'étais très bonne élève, mais je m'ennuyais un peu en classe. Je n'allais pas au bout de mon potentiel, car je ne savais pas que j'en avais un. Au lieu de prendre confiance en moi, je me sentais singulière, et marginalisée par mes camarades.

Je n'ai donc pas conservé un très bon souvenir de cette période. Ces années, passées à me traîner pour rien dans ma condition d'enfant me navraient et je rêvais de devenir adulte en un coup de baguette magique. Je ne savais pas comment exprimer ma tristesse. Pour compenser, je mangeais beaucoup, frôlant la boulimie, et petite fille, j'étais plutôt ronde. À dix ans, j'en paraissais quinze. Au décalage avec les préoccupations des enfants de ma génération s'est ajouté celui de l'apparence physique. J'étais beaucoup plus grande que mes camarades, j'avais la silhouette d'une jeune fille, le fossé s'agrandissait.

Je crois avoir été une enfant précoce, ou, du moins, d'une maturité inhabituelle, sans en comprendre la raison, même avec le recul des années ; je ne rattache aucun événement à cette particularité, sinon l'importance que ma vie a représenté aux yeux de mes parents, ce qui, en soi, n'a rien d'exceptionnel ; cependant, mon père avait projeté très tôt sur moi sa vision de l'adulte en devenir que j'étais. Par ce regard, je me suis toujours sentie investie d'une mission d'exemplarité. Je n'imaginais pas encore quels en seraient les méandres.

En entrant au collège, j'ai enfin pu nouer des relations avec les plus grands, et vivre mon premier flirt avec un jeune du quartier, qui était déjà en seconde. Notre relation a duré un certain temps, et je lui ai même donné quelques coups de main scolaires. C'est ainsi qu'alors en classe de sixième, j'ai lu pour lui *Les Mouches* de Jean-Paul Sartre, lui en ai rédigé la synthèse, à laquelle nous avons reçu une note tout à fait honorable, la meilleure qu'il ait jamais obtenue en la matière !

Me sentant devenir jeune fille, bien que mon âge me consignât encore dans la catégorie des enfants, j'ai pris de plus en plus d'indépendance, et me suis éloignée de mes parents au profit de cette bande de jeunes de quartier, qui avaient de trois à six ans de plus que moi. Aucun n'était vraiment déviant. Ils avaient juste le comportement attendu et autorisé à cet âge.

Mon père a pourtant commencé à vivre cette

situation avec difficulté. Voir passer sa fille du statut d'enfant à celui de jeune fille en si peu de temps, et à un âge inapproprié, a fait naître chez lui beaucoup d'anxiété. Il me l'a exprimé avec sévérité, et hélas une distance qui est bientôt devenue un fossé, puis un mur de silence entre nous.

Mais ce mutisme paternel, bien que désapprobateur, me laissait finalement assez libre. Ne dit-on pas « Qui ne dit mot consent » ?

Maman ne s'est pas faite non plus l'interprète de ces silences, qu'elle ne comprenait pas. Elle ne voyait pas le danger, et d'ailleurs, y en avait-il un ?

Je parvenais enfin à me lier d'amitié avec d'autres jeunes, et me sentais en bonne adéquation avec ce groupe d'amis. Bonne nouvelle ! L'écart d'âge ne se voyait pas, et il n'y était jamais fait référence. Cela m'a pourtant fait rentrer précipitamment dans l'adolescence, ce qui me réjouissait, et le différend qui était né avec mon père ne s'est guère apaisé avec mes premières provocations : fumer, ne pas respecter l'heure autorisée pour rentrer à la maison, flirter.

D'enfant précoce, je suis devenue adolescente précoce, mais jamais cette différence ne m'a été reconnue par les miens. Je souffrais terriblement d'être systématiquement renvoyée par eux à un statut que je ne sentais plus conforme à la réalité.

M'inscrire à un stage d'été avec des enfants de mon âge relevait du supplice ; j'ai en particulier un souvenir terrible d'un stage sportif à Avoriaz, alors que je devais avoir treize ans. J'étais logée avec des gamines globalement plus jeunes que moi, l'écart était donc monumental. Durant ce stage, j'ai fini par flirter avec l'un des éducateurs d'au moins quinze ans mon aîné. C'était ma façon de marquer ma différence !

La séduction était en effet la meilleure arme que j'avais trouvée pour entrer dans le cercle des adultes, et m'extraire de la condition dans laquelle je me sentais enfermée. Et cette stratégie marchait (hélas) redoutablement bien. Rétrospectivement, j'ai gardé une très faible estime pour cette catégorie, assez répandue, d'hommes prêts à coucher avec n'importe quelle gamine, pourvu qu'elle ait une belle paire de fesses et de seins. Mais je reste surtout convaincue que je n'aurais pas usé de mes charmes de la même manière si on avait reconnu et accepté à temps ma différence. Je ne ressentais en fait aucun plaisir particulier à exercer un pouvoir sur les hommes. Ce n'était pour moi qu'un moyen d'accéder à mes fins : être enfin perçue comme une femme.

Cette précocité mal comprise, car mal identifiée, créa sans doute les conditions favorables qui conduisirent au drame de ma vie.

Aujourd'hui encore, il m'arrive de faire le cauchemar suivant : je suis l'adulte accomplie que je suis devenue, et je me retrouve obligée de retourner au lycée pour passer le bac, de m'asseoir en classe avec des adolescents. Le sentiment de décalage que je ressens est exactement le même que celui que j'éprouvais enfant aux côtés de mes camarades. Un sentiment horriblement déstabilisant, totalement déstructurant.

Cette angoisse d'être rétrogradée, ou déclassée, est une constante dans mon existence. Elle explique sans doute aussi l'acharnement avec lequel j'ai souhaité établir ma position sociale.

Imposture

Pendant la dernière campagne du Sidaction, j'ai entendu la question suivante d'un journaliste à un auditeur de ma radio pourtant fétiche (France Inter) : « Comment faites-vous pour cacher votre séropositivité ? » Comment peut-on encore poser une question pareille ? La réponse est simple : nous fondre dans le décor, c'est bien ce que la société nous demande. Et bien sûr qu'on peut y arriver puisque c'est exactement ce que je fais depuis vingt-deux ans. Mais au prix de quels efforts ?

Des années entières, j'ai vécu ma maladie en silence. Tous les matins, je commençais par courir aux toilettes me vider ; je perdais du poids ; sortir le soir m'épuisait, ma récupération était difficile ; l'apparition d'aphtes géants pouvait m'empêcher de parler, boire ou manger ; enfanter fut un chemin de croix. Tout cela était mon lot quotidien, et, pourtant, jamais je n'aurais accepté de me prévaloir du

VIH pour m'apitoyer sur mon sort. Mes joues se creusaient sous l'effet des traitements ? Certes, mais l'enveloppe ne perçait pas. Ma peau était acnéique ? Cela me donnait un côté juvénile. Elle était orangée sous l'effet d'un médicament en particulier (le Reyataz, un des seuls noms de médicaments dont je garde le nom en mémoire, peut-être parce qu'il me fait penser à une marque de fond de teint !) ? Sur mon fond de peau kabyle, on me croyait sous UV toute l'année. Tout jouait pour moi. J'avais mis la maladie plus bas que terre, et je brillais de tous mes feux.

Professionnellement, la période était faste. J'avais pris mes fonctions de directrice financière d'un tour-opérateur français de premier plan en novembre 2001, à l'aube de mes vingt-neuf ans et toute jeune maman d'une petite fille de quatre mois, dont la mise au monde n'avait pas été, par la force des choses, un parcours de santé !

J'encadrais une cinquantaine de personnes, et arrivais au moment d'une grande restructuration. Mes journées s'enchaînaient à un rythme effréné, de comité de direction en comité stratégique, de plan de réorganisation en plan financier, de gestion de crise en gestion d'équipe. Mes efforts pour être à la hauteur de mes responsabilités, tout en assumant mon rôle de mère, étaient constants. Chaque matin pourtant, je devais subir les effets secondaires de mon traitement et commencer par me vider. Il m'arrivait parfois même de devoir m'arrêter pendant mon trajet en voiture, à force de me tordre de douleur. Mais j'arrivais au bureau sans rien afficher de cette épreuve, gérant mes prises de médicaments en secret, ne refusant jamais aucun déplacement professionnel, me rendant à mes consultations hospitalières comme si j'allais faire une course rapide, réfutant toute éventuelle remarque sur mon apparente fatigue que je n'arrivais parfois pas à dissimuler.

Au final, cette débauche d'énergie m'a plutôt réussi, car après être devenue assez rapidement numéro deux, tout en ayant mis au monde mon petit garçon en 2004, j'étais nommée en 2007 directrice générale de cette grande entreprise de tourisme, comptant plus de quatre cents salariés en France et autant à l'étranger. Là encore, le poids des responsabilités était grand. Cependant, je ne laissais rien transparaître, et si parfois je faiblissais un peu, je me reprenais aussitôt.

C'est ainsi que je suis arrivée un jour très en retard (ce qui était contraire à mes habitudes) à une réunion dont l'enjeu était important puisqu'il s'agissait de la présentation de l'entreprise par son *management* (donc moi-même) à un potentiel acquéreur. C'était un de ces matins où je ne parvenais pas à sortir de ma brume, mes intestins se vidant sans fin. Le rendez-vous se déroulant à l'autre bout de Paris, j'avais préféré attendre que la crise passe. Toutefois, j'ai fait cette présentation, qui se déroulait en anglais, comme si de rien n'était. Le directeur financier de mon actionnaire m'a confié à la pause que je leur faisais forte impression et que nous étions sur le point de les convaincre ; ce qui s'est avéré puisqu'ils ont effectivement racheté l'entreprise. Au bout du compte, l'épreuve physique à laquelle j'avais été soumise me rendait, même dans des conditions défavorables, détendue et pleine d'allant, comme on peut parfois l'être quand une forte douleur physique disparaît enfin et vous laisse comme en état de grâce.

Prendre le prétexte du VIH et des traitements qui lui sont associés pour justifier tous ces « petits » tracas aurait été pour moi une marque de faiblesse. Lorsque certains signes devenaient perceptibles par mon entourage, j'invoquais le stress. J'attribuais ces symptômes à mon rythme de jeune mère de famille occupant une fonction de dirigeante, et ne me donnais aucune excuse. Pendant toutes ces années, je n'ai donc jamais dévoilé ma maladie dans le cadre de ma profession.

Être séropositif est une forme d'imposture médicale. Longtemps, on nous a dit que ce n'était pas « être malade ». Ce n'est pas faux. Mais qu'est-ce qu'être malade ? Être proche de la mort ? Lorsqu'on vous diagnostique précocement une tumeur cancéreuse, vous ne sentez rien, vous n'êtes pas encore malade. Pourtant, personne n'oserait prétendre que vous n'avez rien, car tout le monde reconnaît la gravité potentielle de ce que vous portez en vous. Dans le cas du VIH, c'est très différent. Il paraît normal de ne pas en parler, de s'efforcer de vivre comme si vous n'aviez rien, comme si vous ne preniez aucun traitement. C'est même indirectement ce que tout un chacun, bien intentionné, nous recommande pour éviter les ennuis : vivre caché. Ce qui est loin de signifier toujours « vivre heureux ».

Au bout de ce long parcours d'évitement, alors que j'ai décidé d'accepter la maladie, je continue à me demander si je suis bien légitime à me sentir parfois si faible, et je n'ai de cesse, dès que je vais mieux, que de m'éprouver pour le vérifier. Alors, immanquablement, la grande fatigue qui a justifié mon arrêt de travail me rappelle à l'ordre. Mais, en me mettant ainsi à l'épreuve, durant toutes ces années, bien au-delà de ce qui est normal, ai-je hypothéqué l'avenir ? Mon organisme en portera-t-il les stigmates ? Je n'en ai aucune idée. Alors j'essaie de l'écouter, ce corps, de reprendre contact avec lui. Telle une malvoyante qui n'aurait pas encore trouvé la correction adaptée à sa vue.

Ton corps, tu éprouveras

En 1988, j'étais une escrimeuse pleine de promesses. Au moment de l'annonce de ma séropositivité, le soir même, j'ai décidé de ne rien changer à mon programme, et de courir comme à mon habitude mes huit kilomètres de préparation physique. Je me souviens du caractère particulier de cette fin d'après-midi, où j'avais accepté pour remettre de l'ordre dans mon esprit de suivre cet entraînement rigoureux. Cela me permettait de continuer à sentir mon corps, à me prouver que j'étais encore là, bien vivante. Je me rappelle encore le calme des bois dans lesquels je m'exerçais, le soutien de ma sportive de mère qui m'accompagnait par le simple rythme de sa respiration calée sur la mienne, sans un mot. Il avait suffi de quelques heures pour reprendre l'ascendant, pour ne pas subir le verdict, et rester maîtresse de mon destin.

Je lisais dans l'hebdomadaire *Le Point* du 18 février

2010, dont la une était consacrée aux nouveaux secrets de la santé, les propos suivants : « À l'université de Miami, le chercheur Arthur La Perrière s'est penché sur l'effet protecteur de l'exercice physique contre le stress. Pour exemple, il s'est servi d'un des moments les plus terribles que l'on puisse traverser : celui où l'on apprend que l'on est contaminé par le virus du sida. La Perrière a finalement constaté qu'il suffisait aux patients de faire un exercice physique régulier depuis cinq semaines pour sembler être "protégés" contre la peur et le désespoir. En outre, leur système immunitaire, lequel s'effondre souvent dans les situations de stress, résistait mieux, lui aussi, à cette terrible nouvelle. »

Je suis heureuse de l'apprendre.

En 1989, soit un an après avoir su que mon avenir était compromis, je suis devenue championne de France par équipe à l'épée féminine, avec mes amies Elsa, Marie et Sophie, qui ignoraient bien sûr tout de ma situation médicale.

Jusqu'à aujourd'hui, l'activité sportive est restée ma principale source d'énergie, parce que s'éprouver physiquement, c'est sentir son corps intensément, c'est s'habituer mentalement à la souffrance pour mieux la dépasser et en sortir renforcé, jusqu'au bien être. À l'époque, j'avais choisi de pratiquer l'escrime sous l'influence de mon père qui était maître d'armes. Ce sport de combat fut pour moi une école de la vie. Et, rétrospectivement, me battre contre un adversaire masqué a sans doute symbolisé de façon inconsciente la lutte intérieure que je menais.

Un secret bien gardé

J'ai déjà mentionné le silence qui a entouré ma maladie au fil de toutes ces années et la mécanique implacable qui m'a permis de faire d'elle ce « rien » inexistant. Mais vous pensez sans doute que tous mes proches étaient au courant et que nous n'entretenions le secret qu'à l'extérieur d'un large cercle qui me soutenait.

Ce nc fut nullement le cas, et je comptais jusqu'à récemment sur les doigts d'une main les personnes auxquelles j'avais pu faire moi-même cette révélation.

J'ai pourtant une famille formidable, avec beaucoup de reliefs et de contrastes. Mon père était entouré de fortes personnalités, hautes en couleur, chacune à sa manière, et profondément humaines.

Je me suis par ailleurs toujours sentie aimée par chacun des membres de cette petite troupe, et me sens toujours très heureuse en leur compagnie. Je les aime, mais voilà, depuis plus de vingt-deux ans, à de très rares exceptions près, ils ne savent pas que je vis avec le VIH.

Ma grand-mère paternelle est morte en 2003 sans que nous ayons jamais partagé mon secret. Rétrospectivement, je me demande ce qu'elle aurait pensé de mon histoire. Du côté de mon père, seul un de mes oncles était au courant, sans doute parce qu'il était musicien, anticonformiste, et portait les cheveux longs. Il fallait donc être clairement en dehors des normes établies pour être mis dans la confidence.

Mon grand-père maternel est mort en 2005, sans avoir jamais rien su non plus de ma situation. Quant à mon autre grand-mère, elle vit toujours, mais j'hésite à lui parler. J'ai peur de provoquer chez elle un choc, et qu'elle se mure définitivement dans ses absences. Au fond, ce n'est pas tant la nature de la révélation en soi qui m'inquiète, sinon ce mensonge par omission qui dure depuis plus de vingt-deux ans et qu'elle pourrait à juste titre ne pas comprendre. Et puis, *a contrario*, je me demande de quel droit je sous-estimerais sa capacité à encaisser le coup.

Comment en sommes-nous arrivés là ? Par pudeur, par peur, et, par-dessus tout, par douleur, cette douleur qu'on préfère taire de peur de la réveiller, parce qu'elle est grotesque, parce qu'elle est obscène, et qu'elle fait mal.

À l'heure actuelle, ayant moi-même constitué une famille, je vois le phénomène se reproduire implacablement. Mes beaux-parents ignorent tout de mon histoire. Les raisons de la médicalisation de mes maternités ne leur ont jamais été expliquées, les traitements donnés à leurs petits-enfants dans les premières semaines de leur existence leur ont été cachés, la cause de mon arrêt maladie actuel n'est pour eux qu'une grande fatigue, etc.

Mon compagnon n'a jamais semblé prêt non plus à leur révéler la vérité. Je m'en suis récemment offusquée devant lui. Il m'a répondu qu'il ne voyait pas la nécessité de les mêler à ça. Un « ça » qui en dit long sur la difficulté, même pour lui, à évoquer une maladie définitivement mal perçue et qu'il semble préférable de taire.

Sans surprise, l'ampleur de ce non-dit s'est étendue jusqu'à mes propres enfants (ils savent aujourd'hui que je suis malade, mais ne savent pas de quoi). J'ai, bien sûr, envisagé de le leur révéler, mais « le moment venu », sans échéance précise, c'est-à-dire en repoussant le plus loin possible ce moment, ou pourquoi pas, de façon vieux jeu, à leur majorité.

Je savais que, d'ici là, j'aurais moi-même à faire un travail d'acceptation de ma maladie, à pactiser avec elle pour la rendre dicible. Parce que j'étais devenue experte dans l'art de dissimuler mon mal, je ne me suis jamais imaginé qu'il puisse y avoir quoi que ce soit d'anxiogène pour mes enfants dans ce silence. Je pensais que la réussite, l'abondance, le bonheur personnel et familial suffiraient.

Il semble que je me sois en partie trompée, et que mon fils n'en soit pas sorti complètement indemne. Rétrospectivement, je ne sais quelle aurait dû être ma conduite, et je ne suis pas certaine que, si j'avais agi différemment, c'eût été mieux. J'aurais sans doute manqué de sérénité. Mon compagnon préférait, lui aussi, et de loin, cette approche.

Toujours est-il que j'ai reproduit et donc entretenu moi-même ce tabou, et qu'il y avait une certaine probabilité pour que je ne le brise jamais. Si tel avait été le cas, je n'exclus pas d'avoir pu mettre fin à mes jours, une fois mes enfants élevés, par désarroi de n'avoir jamais été capable de leur dire ce qui constituait le plus profond de mon être.

C'est l'amour que je leur porte, mais aussi la manière dont les personnes de mon entourage ont accueilli pour les uns cette révélation, pour les autres la perspective de lever le secret, qui m'a affranchie de toutes les peurs qui empêchaient ma libre parole.

Je ne voulais être un problème pour aucun des miens, et j'ai enfin compris qu'il était possible de leur parler, sans sacrifier personne.

Le mal à dire

Ce matin, je suis confiante en la vie, parce que mes enfants m'ont dit qu'ils m'aimaient en m'embrassant à l'entrée de l'école, parce qu'il fait froid et beau.

Je suis en train de libérer mon mal, de le faire sortir de moi progressivement, de lui donner sa place pour qu'un jour, je l'espère, je puisse reprendre la mienne. C'est par l'écriture que cette démarche m'est venue le plus facilement.

Après vingt-deux ans de vie commune, peut-être finirai-je par t'accepter ? C'est fou comme on peut coexister longtemps sans se considérer, sans se voir, en s'ignorant, en s'annihilant l'un l'autre.

Coucher ma maladie sur ces pages me permettra peut-être de pouvoir me reposer à mon tour. Je vais donc écrire notre histoire, pour que chacun retrouve sa bonne place. Le VIH n'est pas moi, et je dois faire l'effort de dissocier son existence de la mienne.

Pourtant, il fait aussi partie de moi, et cela, je dois en tenir compte.

Certes, la technique de survie qui a consisté à feindre de l'ignorer a plutôt bien fonctionné. Mais combien cela a été difficile d'en assumer toutes les conséquences ! Je mettais toutes mes forces, et peut-être même au-delà de mes forces, à le contenir, à le dissimuler, à ne jamais le nommer.

Dès que j'ai compris ce qui m'arrivait, dès que j'ai accepté de faire le lien entre mon état physique très affaibli et le VIH, j'ai su que j'allais devoir revenir sur ses traces, me remémorer notre histoire, pour me la rendre intelligible. Car enfin, je suis forcée de l'admettre aujourd'hui, douze années de trithérapie n'ont rien d'anodin sur un organisme. Et travailler comme je le faisais jusque-là n'était peut-être pas très raisonnable.

Cet épuisement, dont je n'ai pas réussi à me relever, sera peut-être salvateur, parce qu'il va m'apprendre à ne plus nier ce virus en moi, à le dire et à l'expier. La maladie sonne comme le « mal à dire ». Quand on « dit », est-ce qu'on guérit ? Je ne le sais pas. Accepter la réalité, c'est apprendre à utiliser mes forces non plus pour ignorer la maladie, mais au contraire pour lui faire face.

Monsieur Rien, prépare-toi, tu sors enfin de l'ombre. Mets ton plus beau costume, et fais-moi honneur. Car quelque chose est en train de changer en moi, et, tu sais, finalement, je commence à bien t'aimer.

Mon père ce héros

Dans la vie, rien n'est jamais tout à fait un hasard.

Je suis surprise des chemins de vie comparables qu'empruntent parfois les membres d'une même famille. Souvent, les mêmes natures d'événements tragiques se reproduisent de façon troublante d'une génération à l'autre. Mais lorsqu'on prend conscience de ce déterminisme, peut-on amender le cours des choses ? C'est mon secret espoir, et une des raisons de ce livre.

En comparant à mon propre parcours ce que je connais ou comprends de celui de mon père, j'ai constaté à quel point mon itinéraire ressemblait au sien ; et pourtant ce n'est pas faute d'avoir essayé à tout prix de m'écarter de son modèle, si pesant et tourmenté… La suite est intéressante.

Au démarrage de tout, et à peu près au même âge, s'est produite, dans la vie de mon père et la mienne, une déflagration, une rupture, qui nous ont poursuivis toute notre existence.

Mon père était le fruit d'une union mixte peu répandue pour l'époque (1944), celle d'un ouvrier kabyle venu travailler en pays lorrain, et d'une jeune Mosellane. Je porte son nom, forme d'héritage sans ancrage réel. En effet, à la suite du décès prématuré de mon grand-père, mon père a dû, à l'âge de quatorze ans, assumer le rôle de chef de famille et prêter main-forte à sa mère pour subvenir aux besoins de ses frères et sœurs. Dès lors, il n'a plus jamais parlé de son père, ni cherché à revenir sur ses traces, à comprendre sa culture, son pays d'origine, sa douleur liée au déracinement. Récemment, pourtant, il a fini par accepter de lever une partie du voile. Peut-être est-ce sa propre démarche qui a autorisé la mienne.

J'ai compris qu'il n'avait eu que peu d'estime pour ce père distant et dur, maltraitant son épouse, et qu'enfant il avait certainement dû porter la responsabilité des souffrances de sa mère. La réalité est sans doute plus amère encore, mais il ne m'appartient pas de l'établir. Quoi qu'il en soit, après la mort de son père, il s'est acharné à restaurer la dignité de sa mère, au prix, dans sa pleine jeunesse, du renoncement à lui-même.

Pour moi, la rupture a été provoquée par l'annonce de ma séropositivité, qui est devenue ma force de vivre, comme ma prison. Et, à l'instar de mon père, j'ai employé alors toutes mes forces à faire oublier cette salissure, et à redonner leur fierté à mes parents.

Le reste de notre parcours recouvre de très nombreuses similitudes, que ce soit dans notre vie amoureuse ou dans notre rapport au monde professionnel, et ce chaque fois aux mêmes âges.

Je dois indéniablement à mon père la complexité de ma personnalité, et aussi de porter son fardeau, comme lui-même a porté inconsciemment celui de son père. Il est lourd, ce fardeau, que nul n'a pris soin d'alléger à travers les générations ; et, chemin faisant, j'y ai moi-même ajouté du poids, histoire que ça fasse bien mal. Cela, c'est lui, mon père, qui me l'a appris : il *faut* que ça fasse mal. Alors, pour mes enfants et mes futurs petits-enfants, je vais faire le grand ménage, afin qu'ils puissent avancer dans la vie sans ce sac de plomb.

Quand j'étais petite fille, mon père était l'homme de ma vie. Beau, sportif, intelligent, ses yeux me dévoraient d'amour. Et puis j'ai grandi trop vite, et j'ai réveillé ses peurs. Je me suis retrouvée face à ses silences, et j'ai senti que je le décevais. J'étais pourtant bonne élève, forcément sportive puisque l'effort était pour lui la valeur maîtresse, mais j'étais aussi terriblement mal dans ma peau !

Lui, Idir, fils de Mohammed, il n'avait qu'un idéal : nous voir parfaitement intégrés. Nous n'avions pas de problème de déracinement ni même de double identité, car, autre signe d'une relation complexe à son propre père, ce dernier ne lui avait transmis ni sa culture ni sa religion. Son fils a même reçu une éducation chrétienne, et a été enfant de chœur. Mais, à cause de son nom et de son prénom, il continuerait à porter cette étiquette de « petit Arabe » issu d'un milieu social modeste.

S'intégrer passait donc pour lui par le respect des règles et des lois, à ne contester sous aucun prétexte, du moins tant qu'on ne les avait pas complètement assimilées. Après cela, c'était une autre affaire. Il concevait volontiers qu'on puisse se révolter, si – et seulement si – on savait précisément contre quoi. Lui-même, il lui était souvent arrivé de contester l'ordre établi, policier notamment, parce qu'il considérait que son but avait été dévoyé, son exécution détournée de son objectif initial. Oui, il avait aussi en lui ce côté rebelle et insoumis.

Mais pour nous, ses enfants, pas question de nous attribuer cet esprit contestataire par principe ; au contraire, il fallait toujours chercher à être le meilleur. Et d'ailleurs, y avait-il une façon plus crédible de bousculer les mentalités qu'en réussissant partout, alors que rien au départ ne nous y prédestinait ? Et, attention, il ne fallait pas non plus sauter la moindre étape, ni, encore moins, envisager l'existence comme une simple promenade. Il considérait cette attitude comme une forme de supériorité mal placée. « Rien dans la vie n'a de valeur, si tu l'as acquis sans effort », telle aurait pu être sa devise.

Alors, comme j'étais une enfant docile, facile à élever, mon père a monté les obstacles. Pour que j'aie mal, pour que ce soit encore plus dur ; il m'a constamment mise à l'épreuve afin que je sente la sueur couler, la rage monter. Et, de fait, je suis devenue une adolescente en colère. Ce qui n'était certainement pas son but.

Alors lui et moi, bien que ce soit douloureux, nous allons refaire ce chemin ensemble. Il nous doit bien cela, à nous ses enfants, à ses petits-enfants, et à ceux qui les suivront. Après tout, il a toujours été mon héros.

Réalisme

En ce début d'année 2010, si mon corps est soulagé par cette phase de repos, mon esprit, lui, reste tourmenté. Je n'arrive pas à relancer la machine, au moment où, pourtant, je pensais donner un sens plus profond à mon existence.

Je me traîne, bien qu'emplie de l'amour de mes enfants auxquels je me consacre désormais, heureuse de connaître cette belle période avec eux. Mais ma flamme de vie demeure vacillante. J'ai perdu l'envie d'aller plus loin ; je voulais profiter de l'existence, mais je n'en ai plus le goût ; envisager l'avenir ne me donne aucune énergie. J'ai même pensé que m'arrêter là serait préférable ; partir maintenant laisserait peut-être une trace plus flamboyante de mon passage ici-bas, plutôt que de continuer à végéter sans gloire ni mérite. Seul le sens de la responsabilité de mes enfants m'en a dissuadée. Ils ne doivent pas payer pour cela.

Ce soudain désamour envers la vie, à laquelle je pensais pourtant rendre de meilleurs honneurs, m'interpelle profondément. Aujourd'hui, d'un point de vue médical, je suis pourtant en mesure de m'inscrire dans la durée. Cela n'a pas été le cas pendant de nombreuses années… Mais finalement, là est sans doute l'explication : je n'arrive toujours pas à intégrer que je puisse désormais vivre longtemps ; je suis encore incapable de donner du sens à cette vie volée, en dehors de la traque inlassable que je mène contre ce voleur, ce méprisable virus. En réalité, je ne parviens pas à faire le deuil de mon premier deuil. Celui qui m'avait fait accepter un jour que ma vie serait courte.

Sans doute est-ce pour cette raison qu'aujourd'hui encore j'ai du mal à prendre cette vie à bras-le-corps, à lui accorder la valeur qu'elle mérite, à la fêter dignement.

Ouvrir la porte sur une pièce restée longtemps fermée, faire fuir les rats qui l'ont dévastée n'effacent pas les dommages causés ni ne dispensent du nécessaire travail de réhabilitation. Depuis mes quinze ans, j'étais conditionnée pour mourir jeune. J'avais géré cette certitude seule, en secret. La force de caractère qu'on m'attribuait ne provenait nullement d'une foi aveugle en la vie, mais, au contraire, d'une absence de peur face à ma fin anticipée. De là, je tirais toute mon énergie pour déjouer la fatalité, à commencer par celle du VIH.

Dans toutes les épreuves difficiles de ma vie, à

chaque fois que j'ai failli perdre mes moyens, je me disais intérieurement : « Tu ne vas quand même pas flancher ! Tu as le VIH et ce que tu traverses là n'est rien comparé à ça ; d'autant qu'autour de toi, personne ne peut soupçonner son existence ! » C'était en quelque sorte ma botte secrète. Cela m'a aidée tout particulièrement au moment de passer des examens importants, ou encore quand je prenais la parole devant un large public. Ma formule préférée pour me motiver, que je me lançais dans ces situations de stress intense, était : « Tu as le VIH, donc tu es forte », ce qui, étrangement, avait un grand pouvoir d'apaisement sur moi.

Le VIH était mon bourreau, mais il était aussi devenu ma force. Comme si j'avais un don, au même titre que certains ont le don de la musique ou du spectacle, il avait fait de moi une battante. D'ailleurs, jusqu'à présent, je n'envisageais rien de plus noble ou plus grand – à l'exception de mes enfants – que de réussir ma vie en ayant le VIH. J'étais habitée par lui, comme s'il était devenu l'essence même de mon être.

Et si je pouvais soudain me débarrasser de lui ? Et si je guérissais du jour au lendemain (on en est encore loin, me direz-vous !), que deviendrais-je ?

Peu à peu, je commence à prendre conscience du traumatisme qu'a représenté dans ma jeunesse cette menace de mort pesant constamment sur moi. Ce traumatisme est bien plus profond que je ne l'avais imaginé. Je suis en partie morte le 21 juin 1988.

Mon père m'a un jour écrit, alors que nous étions en froid, qu'il m'aimait et souffrait que j'aie été « fauchée par cette saloperie ». Son écriture était rageuse et noircie. C'était en 1997 et je lui en ai voulu à l'époque de cette formulation qui m'avait semblé maladroite. Mais il avait raison : j'ai bien été fauchée par cette saloperie.

Mauvaise rencontre

À un moment de mon adolescence, je crois avoir interprété l'extrême exigence de mon père envers moi comme de la froideur, voire du désamour. J'imagine que j'ai cherché alors à le provoquer. Autrement dit, à l'appeler au secours.

Après la gentille bande de quartier que je fréquentais, et qui déjà lui déplaisait, j'ai rencontré par l'entremise d'un copain un autre groupe assez différent. Il s'agissait de jeunes gens un peu paumés, qui pour la plupart cherchaient surtout à se faire peur, défiant la vie de manière déraisonnable. Tout d'abord fascinée, je me suis donné quelques sensations fortes en les fréquentant. Cela n'a duré que quelques mois.

Je n'ai jamais adopté leurs pratiques, tant à l'égard de l'alcool que de la drogue ; perdre le contrôle de moi-même ne m'attirait pas, je n'avais pas d'envies destructrices. Seul le côté excitant de leurs transgressions m'attirait, mais je restais simple spectatrice.

Puis, j'ai fait la rencontre d'un de leurs « caïds ». En devenant sa petite amie quelque temps, j'ai poussé l'excitation un peu plus loin, et surtout la provocation paternelle à son comble. Ce jeune homme était hélas consommateur de drogue dure ; à l'époque, dans les beaux quartiers comme ailleurs, la mode était à l'héroïne… remplacée de nos jours par la cocaïne, plus facile à consommer, moins rapidement tueuse, et donc infiniment plus rentable ! Dans les années 80, l'héroïne a fait des ravages dans la jeunesse. Son mode d'injection est devenu un facteur déterminant de la transmission du VIH. Je revois alors ce garçon s'injecter cette saloperie, transpirer comme un fou, attendre d'être soulagé du manque insupportable qui le dévastait, à la manière d'un affamé qui se jetterait sauvagement sur un morceau de pain. Cette violence de l'addiction révélait une détresse que je n'avais encore jamais vue ; elle a eu sur moi un effet repoussoir. C'était sinistre ! Moi qui cherchais plutôt à rire et à vivre intensément, dès que j'ai pris conscience du risque d'y laisser quelques plumes, j'ai mis fin à notre aventure.

C'est en écrivant ces lignes, en repassant sur ces événements, que je crois deviner le moment où j'ai été contaminée. Assez ironiquement, c'était le jour où j'avais décidé de rompre… quelques heures trop tard.

Pendant notre rapport sexuel, des saignements étaient survenus. Ce garçon paraissait souffrir de douleurs génitales, probablement d'origine infectieuse. Il faut, pour comprendre ma réaction, se replacer au tout début de l'épidémie, où l'on ne parlait que très peu du mode de contamination du VIH. C'était une menace vague dont on ne savait pas encore grand-chose. Au-delà de ce symptôme intime qui ne m'avait donc pas inquiétée outre mesure, j'avais été choquée en revanche par son état physique. Visiblement malade, fébrile, et très énervé d'être dans cet état, il avait peur, et essayait de m'empêcher de partir. Plus tard, j'ai compris qu'il en était déjà à un stade avancé de la maladie, mais, sur le coup, c'est son degré de toxicomanie qui m'a effrayée.

Dès qu'il s'est assoupi, j'en ai profité pour m'enfuir. Et suis arrivée très en retard à l'entraînement d'escrime auquel mon père m'attendait, me cueillant dans les vestiaires pour me réprimander sur mon comportement et sur mon allure ; il m'a même fait remarquer que j'avais des traces de sang sur ma veste. Je me souviens de ce survêtement d'une marque à trois bandes, très à la mode à l'époque. Il était gris et bleu, en « peau de pêche » ; c'était le survêtement culte des années 86-87 pour ceux qui s'en souviennent. Son nom : le Challenger. Eh bien « mon » Challenger portait ce jour-là une trace de sang ! Ce signe me saute aux yeux aujourd'hui : la tournure dramatique des événements était déjà symbolisée par ce sang qui tachait mon vêtement, et qui n'avait pas échappé au regard de mon père.

Ce jour-là, j'ai compris que je devais mettre fin à cette fréquentation, et jamais je n'ai revu ce garçon.

Entre-temps, l'accident s'était produit, sans que je le sache – puisque le VIH est un ennemi insidieux, qui ne se montre pas. Je devrais attendre ce jour de juin 1988 pour découvrir que, durant cette brève relation, j'avais contracté, par voie sexuelle, le virus du sida.

Au moment de l'annonce de ma séropositivité, cette courte période de mon adolescence était donc déjà enterrée, et après ces quelques frasques que je pensais sans conséquence, j'avais retrouvé le chemin de la sagesse. J'avais tiré un trait sur ce qui avait de près ou de loin un rapport avec cette bande de jeunes mal dans leur peau. Et comme je l'ai fait à plusieurs reprises dans ma vie, j'ai simplement tourné la page. La crise d'adolescence était bel et bien derrière moi.

À quinze ans, j'avais ainsi la sensation d'entrer dans l'âge adulte… et y ai été définitivement précipitée par l'annonce de ma contamination.

Je n'ai pas eu de chance, m'a-t-on dit. Comment avoir conscience du risque que j'encourrais puisque l'on ne parlait pas de cette maladie ? Pourtant, je ne peux me retirer de l'esprit que ça n'était pas non plus un hasard.

Se retourner

Jusqu'ici, j'ai toujours refusé de regarder en arrière. N'ayant jamais souhaité entretenir des liens noués dans le passé, je n'ai de relations qu'avec des personnes appartenant au présent. Je ne suis qu'un être de l'instant, considérant que seules les pages à venir méritent d'être vécues, et que celles précédemment parcourues sont déjà bonnes pour l'oubli.

Courir sans me retourner, mais après quoi ou, plutôt, pour fuir quoi ? Me mettre à l'abri, me camoufler, ne pas laisser de traces. Aujourd'hui, j'ai arrêté de courir, et je me suis retournée. Je fais face à ma maladie, je l'affronte, et je n'ai plus peur de la considérer.

Mais faire face, c'est accepter de me pencher sur mon passé, de me le remémorer. Et, comme souvent, une nouvelle posture psychologique entraîne des événements nouveaux qui lui font écho. J'ai donc été contactée par une camarade que je n'avais pas revue depuis vingt-cinq ans ! Habituellement, j'aurais trouvé une excuse pour décliner poliment l'invitation, avec beaucoup de regrets convenus ; mais, finalement, j'ai accepté. Cette amie a surgi d'un passé situé bien avant l'arrivée du VIH dans ma vie. Ma période « blanche », comme j'aime à l'appeler, celle de la pureté. Ensuite, ce fut la période « rouge », rouge sanguin, rouge VIH.

Ce qui m'a marquée, c'est que cette ancienne camarade avait des souvenirs très précis de notre enfance. Elle pratiquait l'escrime avec moi, et m'a dit avoir gardé l'image de mon père m'invectivant sur la piste. Parce qu'il était maître d'armes, il était aussi mon entraîneur. Je n'avais donc pas d'autre choix qu'être exemplaire. De moi, il faisait un modèle. Les autres n'avaient qu'à bien se tenir. Cela produisait d'ailleurs son effet : plus une mouche ne volait dans la salle, et chacun se félicitait de ne pas être le fils ou la fille de cet homme sévère, en compatissant avec moi. Cette relation de maître à élève a été le prétexte à de véritables épreuves qu'il me faisait subir en guise de réprimande pour mon comportement. Un comportement qu'il continuait à désapprouver par ailleurs en silence.

Vingt-cinq ans plus tard, c'est cette image qui revenait à la mémoire de mon ancienne partenaire d'escrime. Elle a alors prononcé cette phrase qui m'a marquée : « Je ne sais pas comment tu pouvais supporter ça sans broncher ! »

Bien sûr que j'ai bronché ! Et j'ai même décroché le gros lot !

Ma première fois… à l'hôpital

Une dizaine de jours après l'annonce de ma séropositivité, nous nous sommes rendus comme prévu au rendez-vous à l'hôpital avec le professeur P. C'est Papa qui était à mes côtés. Je lui étais reconnaissante d'être là, même si nous n'avions pas explicitement parlé de ce qui nous conduisait en ce lieu.

Le professeur était un grand monsieur aux cheveux grisonnants, qui avait l'âge de mes parents. J'ai appris d'ailleurs par la suite que sa fille était dans le même lycée que moi. Je la croiserais de temps à autre.

Il nous a reçus dans un petit bureau assez lumineux, au rez-de-chaussée de ce grand hôpital de province. Il ne s'est montré ni particulièrement chaleureux ni vraiment froid non plus. Il semblait, avant tout, très préoccupé par le cas qu'il avait devant les yeux. Il a donc préféré s'en tenir aux éléments médicaux en sa possession, qui se sont avérés ne pas être bons.

Puis il a commencé par m'interroger sur la date supposée et le mode de ma contamination. Le choix ne m'ayant pas été donné de m'exprimer hors de la présence de mon père, j'ai dû avouer douloureusement devant ce dernier que cela s'était passé vraisemblablement un an en arrière, à l'occasion d'une relation avec un jeune homme toxicomane. Je pense que c'est la seule chose qu'ait apprise mon père sur la façon dont j'avais été infectée ; nous n'en avions jamais parlé avant, et n'en reparlerions jamais plus tard. Ces faits exprimés abruptement n'étaient pas de nature à me grandir à ses yeux, et n'ont fait que renforcer mon sentiment de culpabilité déjà prégnant.

Le professeur P. a ensuite pris le temps de nous expliquer la différence entre la contamination par le VIH (virus de l'immunodéficience humaine) et le sida (Syndrome d'immunodéficience acquise), dernier stade de l'infection par ce virus qui finit par la mort de l'organisme, des suites de maladies opportunistes dont les plus courantes sont les atteintes pulmonaires, digestives, neurologiques, dermatologiques, ou encore oculaires. Le sida n'est donc que le nom d'un ensemble de symptômes consécutifs à la destruction des cellules du système immunitaire par le VIH. À cette époque, la durée d'évolution vers le stade sida était, en moyenne, de sept à onze ans, ce qui n'excluait pas des cas d'évolution rapide de moins de trois ans.

Ceci étant établi, le professeur P. nous a annoncé qu'il était inquiet : mes analyses révélaient la présence de l'antigène « P24 » à un niveau élevé dans mon sang, présence anormale compte tenu de l'antériorité de ma contamination. Cet antigène, témoin du « pic de contamination », était détectable dans les premiers temps de la contraction du virus, puis, le plus souvent, disparaissait. Sa présence prolongée était en revanche un voyant rouge : celui d'une importante charge virale dans mon corps.

Décidément, le sort s'acharnait en cet été 1988. Cependant, dans mon esprit, cela n'a pas aggravé la situation ; que pouvait-il y avoir de pire, à l'âge de quinze ans, que de me savoir promise à une mort prochaine ? Antigène P24 ou pas, il n'y avait de toute évidence rien à faire de plus. Aucun traitement efficace n'existait.

Alors, que les signaux soient verts, rouges ou bleus, une seule chose comptait : me battre pour faire face à la maladie, au jugement social qu'elle engendrait, au désarroi de la médecine, au silence assourdissant de mon entourage, dans le seul but de rendre à ceux qui m'aimaient leur fierté.

Et ta Maman, alors ?

Maman, c'est très précisément le contraire de Papa. C'est l'anti-héroïne par excellence. Elle n'a pas tout à fait les pieds sur terre, Maman. Ce qui est de mon point de vue plutôt sensé, car il n'y a pas de quoi être fier de faire partie d'un monde où la moitié de l'humanité crève de pauvreté pendant que l'autre moitié crève des excès de son opulence. Maman est donc décalée, originale, anticonformiste, le tout sans un soupçon d'orgueil.

Maman est une soixante-huitarde, sans avoir vraiment fait 68. À l'époque, elle était déjà contre les vaccins, contre les antibiotiques, contre ce tout industriel qui se profilait. Nous mangions des sauces de salade au citron, du fenouil vapeur, et du pâté végétal acheté à L'Aliment sain. Quand nous avions de la fièvre nous prenions des bains de siège (pour les non-initiés, culs nus dans une bassine d'eau froide). Et nos débuts d'otite étaient soignés par une gousse d'ail recouverte d'une feuille de chou, tenue par un joli foulard noué autour de nos têtes. Il fallait le voir pour y croire. Et j'ai des témoins !

Elle faisait son marché quatre fois par semaine, n'avait pas de congélateur (celui d'aujourd'hui est vide), ni de cagibi à bonbons (ni de martinet, le compagnon indissociable des bonbons au fond du cagibi ou du placard à balais).

C'était dans les années 70, et elle était la risée de beaucoup. On la prenait pour une excentrique. En 2010, il n'y a pas un magazine qui ne nous fasse un chapitre sur la santé par les aliments et les plantes, victimes que nous sommes de notre malbouffe, source de la plupart de nos maux.

Je m'interroge souvent sur ce qui m'a permis de traverser les dix premières années de ma séropositivité sans aucun symptôme, pas même celui d'une faiblesse physique, alors que mes semblables mouraient tous les uns après les autres. Ma jeunesse et le sport furent, certes, des alliés, mais l'alimentation que j'ai reçue depuis ma naissance m'a sans doute aussi beaucoup aidée à gagner ces précieuses années. Avant, bien sûr, l'arrivée des trithérapies grâce auxquelles nous avons pu basculer dans le monde des vivants.

En revanche, j'ai expérimenté, par le biais de ma mère, d'étranges pratiques médicales. Car elle a été la seule personne à penser, en ces années-là, pouvoir me guérir, ce qui était, en soi, formidablement porteur d'espoir, bien que totalement déraisonné. De l'ostéopathe bidon qui travaillait au pendule, à l'homéopathe véreux qui s'était mis en tête de purifier mon sang à l'aide d'une machine révolutionnaire venue de Suisse, j'ai eu quelques sueurs froides en me frottant à ces thérapies parallèles qui coûtaient par ailleurs très cher à ma mère. Cela m'a aidée cependant à mesurer la frontière entre les médecines douces et le charlatanisme, que certains franchissent allègrement.

Tout au long de mon adolescence, jamais Maman n'a imaginé que je puisse mourir. Elle était d'ailleurs tellement persuadée que je m'en sortirais qu'elle n'a exprimé, au bout du compte, que peu d'inquiétude, comme si rien ne lui faisait peur. Cela tenait à son état d'esprit : ne jamais voir les choses en noir, et garder confiance en la vie, de façon irréfutable. Cette attitude m'a énormément aidée, car lorsqu'on croit pour vous à l'impossible, vous ne pouvez pas vous empêcher d'y croire également. L'espoir, lui aussi, est contagieux.

Bon, si ma mère pouvait ne pas en profiter pour me ramener comme l'été dernier son infâme Spiruline que je n'ai pas pu avaler ! Et arrêter d'essayer sur les enfants ses dernières crèmes magiques ! Mais oui, je sais, c'est avec elle qu'ils sont devenus propres ! C'est avec elle qu'ils se sont lancés à vélo pour la première fois ! Avec elle qu'ils se sentent bien. Son naturel, fondamentalement optimiste, donne des ailes, c'est vrai, mais il faut reconnaître que ses pratiques avant-gardistes et, parfois, un brin farfelues sont loin d'être toujours rassurantes.

La honte

J'ai compris aujourd'hui que ce qui m'avait empêchée d'accepter ma maladie pendant vingt-deux ans procédait finalement d'un sentiment de honte.

Devant l'absence d'acceptation sociale de cette maladie, comment ne pas éprouver ce sentiment ? S'avouer séropositif, c'était devenir une bête de foire. Et je n'avais aucune intention de me changer en femme à barbe ! Quant à la culpabilité que j'éprouvais, elle ne me permettait pas non plus de surmonter cette honte.

Et puis, mon profil se démarquait tellement de celui des victimes d'alors, que cela rendait mon cas invraisemblable. Une très jeune fille, sans histoires, sportive et bonne élève, qui contractait le VIH sans transfusion sanguine, c'était trop improbable pour être vrai.

À la fin des années 1980, en pleine psychose d'épidémie de sida, dire que j'étais porteuse de ce virus était quasiment impossible. Alors je l'ai cachée, ma contamination, comme on cache ce qui nous fait honte, jusqu'à me la rendre imperceptible à moi-même. Oui, plus qu'une force de caractère exceptionnelle, c'est la honte qui m'a aidée à dissimuler mon état de santé durant tant d'années.

De la même manière que le déni de grossesse s'accompagne d'une absence de symptômes de maternité, mon déni de VIH s'est traduit, pendant toute cette période, par une absence de stigmates de la maladie et plus encore des traitements qui lui sont concomitants. En apparence, j'arrivais parfaitement à contenir les effets, pourtant bien réels, des médicaments comme de la maladie. Rien ne permettait de soupçonner que j'étais porteuse du VIH. Donc, personne ne pouvait me renvoyer à ma « faute » originelle.

Cette honte, je l'ai portée longtemps et, comme l'explique le psychiatre Boris Cyrulnik [1], contre elle, il n'existe aucun remède, aucune substance qui nous en soulage durablement. Seul un travail d'acceptation de soi dans le regard des autres peut nous en délivrer, que ce regard soit d'ailleurs réel ou imaginaire.

S'il est vrai que le début des années sida s'est caractérisé par un rejet des personnes porteuses du VIH – la peur de la contagion étant irrationnelle –, à l'heure actuelle, les personnes normalement éduquées et informées ont compris que la transmission

1. *Mourir de dire : La honte*, Boris Cyrulnik, Odile Jacob, 2010.

du virus est impossible dans le cadre de relations sociales courantes. Pourtant, jusqu'à aujourd'hui encore, il m'était impossible de soutenir le regard d'autrui sur ma maladie, comme si j'avais moi-même intégré le jugement moral qu'il induisait. Si j'ai progressé, ce sentiment de honte reste néanmoins dans ma vie un obstacle majeur.

C'était l'Amérique

Bien sûr, durant mon adolescence, le VIH allait me réserver quelques surprises.

Parce qu'il ne m'avait toujours pas mise à terre, j'avais le sentiment de dominer le virus, et me sentais même plus forte que jamais. J'ai repris alors confiance en moi, et réussi beaucoup de mes entreprises, dont la principale a été de me consacrer à ma scolarité.

L'été 1990, j'ai choisi d'entreprendre un voyage aux États-Unis. Ce séjour constituait pour mes parents un important sacrifice financier, mais représentait aussi pour eux un pont vers cette Amérique qu'ils n'avaient jamais vue.

En remplissant la fiche d'entrée sur le territoire américain, je n'ai eu aucun mal à taire l'existence de ma maladie. Puis, j'ai fait la connaissance d'une famille d'accueil charmante, aisée, et sans enfants. Lindsey était psychologue. Steven était militaire haut gradé dans la marine. Un soir, au retour d'une séance de cinéma pop-corn (*Roger Rabbit*), ils discutèrent ensemble d'un ami qui se trouvait à l'hôpital, victime du sida. Pensant que je ne comprenais pas les termes de leur conversation, ils me demandèrent si je savais ce qu'était le *Aids*, acronyme anglais du mot sida. Après un court moment d'hésitation, me sentant en confiance étant donné leur gentillesse – et leur proximité avec une personne souffrant du même mal –, j'ai décidé de leur dire la vérité.

C'est ainsi que j'ai fait mon premier *coming out*.

Le soir même, une de leurs connaissances, parlant français, a appelé mes parents pour leur signifier que je devais immédiatement quitter les États-Unis. Je suis partie le lendemain. Ce voyage retour a été extrêmement douloureux : je n'étais encore qu'une adolescente, seule, dans un pays étranger et hostile. Au moment de prendre ma correspondance, je me suis même perdue dans Kennedy Airport et je ne sais plus comment j'ai finalement réussi à récupérer le billet que mes parents avaient préréservé pour moi depuis la France, et à monter dans l'avion. Ce souvenir est resté dans un brouillard complet, à l'image de la confusion dans laquelle je me trouvais alors.

J'étais devenue une paria qu'on expulsait, et me sentais salie, meurtrie. Je suis arrivée en France avec cette blessure qui jamais ne s'est refermée, et j'ai enfoui mon secret encore un peu plus profond, là où personne ne pourrait plus jamais soupçonner son existence.

Ces chers hôtes américains, ils ne sauront jamais

le mal qu'ils m'ont fait, la confiance qu'ils ont trahie, la rupture qui s'est produite en moi alors que je venais tout juste de faire un premier pas dans l'acceptation de ma maladie.

Je rêvais comme une gamine de leur soutien, de leurs traitements qui n'étaient pas encore disponibles en France. Ils avaient beaucoup d'argent, le sourire américain, tout était possible ; peut-être même allaient-ils me sauver ! Mais, au lieu de cela, ils m'ont rejetée avec une froideur terrifiante, comme s'ils avaient voulu m'achever. Cette expulsion a sonné pour moi comme un gong de fin. J'ai compris qu'il ne fallait plus jamais que je parle ; que pour exister, il faudrait me taire à jamais. Je me suis alors murée dans un silence qui a duré jusqu'en 2010. Un silence de mort.

Depuis, je ne suis encore jamais retournée au pays des libertés.

Ressentiment

Après le réalisme, vient le ressentiment. Quand connaîtrai-je un véritable apaisement ? Que les êtres qui me sont chers me pardonnent de nourrir ce sentiment à leur égard. Cela ne retire rien à l'amour que je leur porte, mais me rend moins aveugle, et donc sans doute plus juste.

Depuis que je regarde les choses en face, j'ai cessé d'idéaliser cette merveille que serait le fait d'être porteuse du VIH, contracté avant l'âge de quinze ans, et de vivre, depuis de longues années maintenant, bourrée de cachets pour ne pas basculer du mauvais côté.

Non, cela ne produit pas du tout des merveilles. Et il me faut cesser de croire que tout ce que j'ai entrepris dans la vie et qui m'a réussi, repose sur le fait d'avoir jugulé cette saloperie. M'être imaginé que cette maladie avait été mon alliée sur le chemin de la réussite scolaire, puis sociale, était une posture malhonnête qui arrangeait tout le monde, y compris moi-même. Je n'ai rien jugulé du tout. Le VIH m'a irréversiblement gangrenée, et j'ai été assez stupide pour penser et laisser croire le contraire pendant vingt-deux ans.

L'aberration d'avoir contracté ce virus alors que je n'étais encore qu'une adolescente ne m'apparaît qu'aujourd'hui. Jusqu'alors, la part de responsabilité de mes parents, qu'ils ont endossée sans m'attendre, bien qu'à des niveaux d'introspection différents, m'apparaissait comme nulle. J'ai toujours considéré que je devais seule porter le poids de cette épreuve.

Pourtant, aujourd'hui, j'ai le sentiment de ne pas avoir été assez protégée. Et j'en éprouve de la tristesse. Je ne crois pas que cela ait pu relever d'un manque d'attention. Encore moins d'un manque d'amour. Je pense plutôt que c'est l'histoire personnelle de chacun de mes parents qui les a empêchés de prévoir qu'enfant précoce, j'allais devenir une adolescente capable de se mettre en danger. Finalement, cette révélation est peut-être plus importante à mes yeux qu'à ceux de mes proches. Leur attribuer une part de responsabilité dans ce drame me déleste un peu de ce que j'ai toujours considéré chez moi comme une « faute » originelle. C'est pour cette raison que, jusque-là, j'avais décidé d'affronter seule ma maladie. Rétrospectivement, je sais que c'était une grave erreur. Pour mon équilibre psychologique, en particulier.

C'est ainsi que j'ai dû traverser seule, une fois encore, l'épreuve de ce retour forcé des États-Unis, après ma quasi-expulsion. Ce que je trouvais d'ailleurs tout à fait normal. J'attirais à nouveau la honte sur notre famille, j'étais renvoyée comme une pestiférée, et c'était à moi seule de l'assumer. Ce jour-là, il n'y a donc eu personne à Roissy pour m'accueillir. Le RER que j'ai pris me paraissait plus sinistre encore que d'habitude, les couloirs de la gare de Lyon me vomissaient vers le quai tandis que je traînais mon sac sur le sol, à bout de force.

J'ai dû attendre d'avoir trente-huit ans et être devenue mère de famille pour me poser cette question : pourquoi mes parents ne sont-ils pas venus me chercher ?

C'est en voyant mes enfants grandir que j'ai eu cette révélation. Ma fille va bientôt rentrer dans l'âge des premiers tourments. Je la sais fragile, désarmée face à la dureté du monde, même si elle laisse croire le contraire. J'ai conscience de ma responsabilité envers elle jusqu'à son entrée dans l'âge adulte. Mon rôle est de la protéger, tant bien que mal. C'est en me reconnaissant en elle que je l'ai compris : un enfant, ou un adolescent, ne devrait jamais être tenu pour seul responsable du malheur qu'il provoque.

La responsabilité est d'abord une affaire de grandes personnes.

Pardon

S'il y a bien une personne de mon entourage proche envers laquelle je n'éprouverai jamais aucun ressentiment, c'est mon frère, Émilien.

C'est lui qui est en droit de me demander des comptes, car je crois que le drame familial qui s'est joué en silence avec l'entrée du VIH dans notre unité familiale, alors qu'il était âgé de dix ans, l'a éclipsé des affaires importantes de cette famille. Encore une fois, il ne s'agit pas de manque d'amour, bien au contraire, mais de peur et de tristesse non expliquées, qui font qu'un enfant finit par se sentir inconsciemment responsable d'une situation lorsqu'elle est tenue secrète.

Bien qu'il ait aujourd'hui trente-deux ans, mon frère et moi n'avons jamais parlé ouvertement de ma séropositivité. Je ne sais même pas à quel âge lui a été révélée ma maladie. On ne me l'a jamais dit, et je ne l'ai jamais demandé non plus. C'est dire le mur de silence qui s'est érigé entre nous. Et ce malgré tout l'amour que je lui porte.

Par ce silence de mort, mes parents et moi avons sans doute cru préserver mon frère. Mais ce déni ne faisait que trahir notre incapacité émotionnelle à admettre le VIH au sein de la famille.

Le secret régnait. Il s'est imposé aussi à lui.

Mais que ressentait mon frère sous cette chape de plomb ?

Je sais qu'Émilien n'a pas pu s'épanouir pleinement dans un contexte aussi lourd. Dans cette famille où le meilleur moyen de gérer les difficultés était de les taire, de manière très symbolique, à l'âge de la parole, il a commencé par bégayer. Et les nombreuses séances d'orthophonie qu'il a subies n'ont pas été très concluantes. Ce n'est qu'avec la maturité qu'il a réussi à prendre le contrôle de son expression, et aujourd'hui il n'y paraît presque plus rien. Presque…

Je l'aimais d'une manière étouffante, ce petit frère. Notre différence d'âge m'incitait à le prendre en charge comme une seconde maman. Il me tendait en retour le miroir de cette précocité qu'on avait du mal à me reconnaître.

J'ai le souvenir qu'un médecin, auquel ma mère décrivait notre relation affective, a recommandé d'imposer une distance entre nous pour l'équilibre d'Émilien. En premier lieu, veiller à ce qu'il ne dorme plus avec moi, ce qui était, à l'époque, très fréquent.

À partir de mes treize ans, j'arrivais même à le faire passer pour mon fils (nous avons cinq ans et demi d'écart) ! Je l'accompagnais au parc, à la piscine ; j'allais le chercher à l'école midi et soir. Il était gentil, affectueux. Jamais il ne se rebiffait contre moi, et jamais je ne faisais mauvais usage de la domination que j'exerçais sur lui. Mais je m'aperçois aujourd'hui que la domination est toujours une mauvaise posture, même quand elle n'est qu'affective.

Émilien ne manquait par ailleurs ni de l'amour ni de la présence de notre mère, qui le couvait autant qu'il aimait l'être. Nous avions même fini par tenir notre père à distance de lui, à force d'occuper toute la place. Et comme Papa se renfrognait, se montrait de plus en plus absent, nous avons fini par considérer que cela valait mieux ainsi.

Émilien est donc longtemps resté dans son cocon, que nous l'avons aidé à ne surtout pas détisser, jusqu'à un âge avancé. Et lorsqu'il a voulu prendre son envol, cela s'est fait bien sûr dans la douleur. S'assumer en tant que personne entière et estimable a été pour lui un travail difficile, qu'il a mené et continue à mener avec courage.

Je suis sincèrement désolée d'avoir, même involontairement, participé à son mal-être, à son mal de vivre. Je l'ai aimé au-delà du raisonnable, et ai reporté sur lui toute la charge affective que ma maladie cachée m'empêchait d'exprimer. Puis, un jour, je suis partie, le laissant suspendu à ma toile d'araignée, comme tous ceux qui ont croisé ma route de trop près.

C'est d'ailleurs le seul instant où je le revois révolté. Quand mon premier grand amour est entré dans ma vie, il a compris que mon transfert affectif avait changé de cible. Et il a réagi d'une façon très singulière, mais explicite. Un jour où mon amoureux était passé me voir chez nous, et sous prétexte d'un programme télévisé qu'on ne le laissait pas regarder, il est entré dans une crise de nerfs violente, que je n'ai pas réussi à contrôler. Jamais je ne l'avais vu dans cet état de rage. C'est finalement mon compagnon qui est parvenu à lui faire reprendre son calme. Je le délaissais. Il m'a exprimé sa colère.

Je le crois libre désormais, après un long chemin.

Ma première thérapie

Ma première thérapie médicamenteuse démarra dès l'été 1988, et fut en quelque sorte un coup pour rien. Facile à dire, avec le recul, mais il faut se reporter à cette époque pour comprendre que la recherche de traitements contre le virus n'en était qu'à ses tout premiers tâtonnements. Cette thérapie consistait en une série de perfusions de glucose associé à de fortes posologies de Zovirax. Ce médicament était un anti-herpès « soupçonné d'avoir quelque activité anti-VIH, soupçons disparus depuis », comme me l'écrivait récemment le professeur Ch. qui, en 1988, n'était encore que docteur dans l'équipe du professeur P., au CHU de Dijon où j'étais suivie.

J'ai beaucoup aimé le docteur Ch. par la suite. Il était la seule personne à me voir telle que j'étais. C'est-à-dire à la fois une jeune lycéenne sportive ET une porteuse du VIH. Et non pas l'un OU l'autre, comme j'en avais le sentiment dans ma vie quotidienne, ou auprès des autres praticiens. Quand il me voyait franchir les portes battantes du service, il s'écriait de l'autre bout du couloir, avec sa voix rauque : « Tiens voilà notre championne d'escrime ! Comment ça va, la belle ? Les études, le sport, ça roule ? Allez, putain, continuez comme ça ! » C'est vrai qu'on imagine difficilement mon professeur de mathématiques, si tant est qu'il ait connu ma pathologie, s'écrier du fond de la classe : « Alors comment ça va, ma belle ? Les traitements, l'hôpital, pas trop dur ? Allez, putain, tenez bon ! »

Le docteur Ch. aimait bien dire « Putain ». C'était sa façon d'exprimer sa révolte face à cette foutue maladie qu'il devait prendre en charge ; ça lui est resté, car il m'a écrit lors d'un récent échange par mails interposés : « Deux enfants, putain, c'est quand même top ! »

Pour revenir à ma première thérapie, elle m'a été dispensée en milieu hospitalier, où je devais me rendre une fois par semaine pour être perfusée, dans une petite salle où d'autres patients se trouvaient aussi, et dont le profil comme l'état de santé étaient très éloignés des miens. Par la suite, afin que je puisse faire mes devoirs tranquillement pendant les séances de perfusion, j'ai pu être installée seule dans une pièce ; je crois que c'était le docteur Ch. qui l'avait demandé.

Mon père m'a accompagnée à la première séance, et j'ai le souvenir d'un retour éprouvant à notre domicile. Ma veine n'avait en effet pas supporté la perfusion ce jour-là, et au lieu de s'écouler normalement dans l'organisme, le liquide était venu gonfler mon bras et provoquer un œdème.

Je suis donc rentrée à la maison avec un énorme bandage, qui pouvait difficilement se dissimuler, et une certaine douleur dans le bras que mon visage sombre et triste laissait transparaître.

Comme un fait exprès, à peine arrivés devant notre maison, un de mes oncles, frère cadet de mon père, qui habitait à cette époque près de chez nous, est venu à notre rencontre. Je suis descendue de la voiture avec mon bras douloureux et ma mine de circonstance, deux aspects qu'il a inévitablement remarqués, et ai laissé mon père lui expliquer d'où nous venions et la raison de ce bandage.

Depuis ce jour, j'étais persuadée que cet oncle était au courant de ma maladie. Le 20 décembre 2010, soit plus de vingt-deux ans plus tard, il m'écrivait ces mots :

« L'information sur ta santé nous est parvenue avec un "peu" de retard et officieusement... Nous avons peut-être, dans certaines occasions, manqué de tact, d'attention à ton égard... inconscients des enjeux..., etc. »

Voilà, encore un qui ne s'est douté de rien durant toutes ces années !

Quant à cet œdème malheureux et sans conséquence, il a marqué cependant ma première aversion pour les traitements.

Les médicaments sans nom

J'ai rarement pu me souvenir spontanément du nom des médicaments que je prenais, et me retrouvais plutôt embarrassée lorsqu'un médecin me demandait des précisions à ce sujet. La succession des quatorze différents protocoles qui m'ont été administrés sur les quinze dernières années ne facilite pas l'affaire. Mais cette difficulté est accentuée par trois autres facteurs.

Le premier tient bien évidemment à ma volonté de ne pas me considérer comme une personne malade. Ne pas faire l'effort de retenir ces noms de médicaments procède de la même logique que de garder secret mon état de santé. Ne pas les nommer, c'était leur accorder le moins d'importance possible.

Par ailleurs, durant au moins une décennie, les médecins que je consultais parlaient et rédigeaient les ordonnances en nommant des molécules au lieu des noms commerciaux de celles-ci. Ce qui, bien entendu, n'en facilitait pas la reconnaissance. Ce phénomène est très caractéristique de l'hyperspécialisation des protocoles qui m'étaient prescrits, et qui sortaient tout droit de phases d'expérimentation (quand nous n'étions pas nous-mêmes – les patients – les cobayes volontaires d'une phase expérimentale). Ces molécules appartenaient donc au monde des savants devant lequel je m'effaçais sans trop de difficultés. J'ai aussi le souvenir de jeunes internes en pharmacie qui faisaient des gardes à l'hôpital, et restaient perplexes devant l'ordonnance que je leur présentais, prenant un temps assez long pour retrouver les noms de médicaments correspondant aux molécules prescrites. Je n'étais donc pas la seule à avoir du mal à suivre !

Enfin, pour que personne ne puisse savoir quelle était la nature du mal dont je souffrais, la première chose que je faisais quand je revenais avec mon paquetage de remèdes dissimulé dans un sac opaque, était d'enfouir leurs emballages et leurs notices au fond de la poubelle et d'en retirer les étiquettes. Mes traitements étaient contenus dans une série de boîtes blanches, et je me repérais à leurs formes pour prendre les bonnes posologies. De même que je ne parvenais pas à nommer ma maladie, j'en effaçais aussi tous les indices, jusqu'à finir par avaler des médicaments sans nom.

Aujourd'hui, les médicaments ont repris leur place légitime dans ma vie. Leurs emballages sont conservés jusqu'à leur ouverture, leurs boîtes correctement étiquetées, et s'ils ne sont pas rangés en évidence, ce n'est pas pour les garder secrets, mais par prudence à l'égard de mes enfants, à l'instar de tout autre médicament potentiellement toxique.

Désormais, j'en garde même les notices pour m'y référer lorsque surgit un symptôme inhabituel. Elles sont intéressantes, les notices de ces médicaments ! Elles mesurent chacune en moyenne cinquante centimètres de long et quinze de large, écrites recto verso, en tout petit. Il faut avoir une confiance quasi aveugle en la médecine pour accepter de prendre des traitements aux effets secondaires si nombreux, du moins si on s'en réfère à ce qui est écrit. À ce jour, sur un traitement reconnu pour sa très bonne tolérance, les risques d'effets indésirables, fréquents à assez fréquents, sont les suivants :

Troubles digestifs : diarrhées, nausées, vomissements, constipation, distension abdominale, perte de l'appétit, sécheresse buccale.

Toxicité pour le foie : augmentation des transaminases.

Anomalies lipidiques : augmentation des triglycérides et du cholestérol.

Éruptions cutanées : en général sans gravité, très rarement plus sévères (urticaire), autres réactions allergiques.

Troubles neurologiques : maux de tête, sensations de vertige, insomnies.

Lipodystrophies : accumulation intra-abdominale de graisses, hypertrophie mammaire, bosse de bison, perte des graisses des membres, des fesses, des joues.

Troubles métaboliques : augmentation des triglycérides et du cholestérol (donc potentiellement du risque cardiovasculaire). Troubles du métabolisme des sucres, résistance à l'insuline, diabète, élévation de l'amylase.

Fatigue, douleurs musculaires, crampes musculaires.

Anomalies biologiques : augmentation des créatines phosphokinases (CPK) ; augmentation des transaminases, surtout en cas d'hépatite B ou C associée.

Je vous fais grâce des troubles peu fréquents ou rares, et vous laisse imaginer le nombre d'effets secondaires associés à ces molécules quelques années auparavant. Étrangement, par le passé, les notices me semblaient plus courtes, lorsque je les examinais brièvement avant de les jeter à la poubelle, oubliant aussitôt leur contenu.

Il a certainement fallu beaucoup de recul pour distinguer les liens de cause à effet entre le VIH lui-même et ses traitements. Mais il faut croire aussi que l'information du patient n'était pas prioritaire. À cet égard, le travail de lobbying des associations militantes a été remarquable. Comme le proclame l'une d'elles : « Mieux informés, mieux soignés. » Il s'agit d'Actions-Traitements, association de personnes vivant avec le VIH et ses co-infections, et qui diffuse une information de grande qualité sur la maladie comme sur les médicaments prescrits, avec beaucoup de pédagogie. Je ne connais pas leurs membres, mais suis devenue une lectrice assidue de leur site Internet. Par leur intermédiaire, les notices illisibles auxquelles je faisais référence sont synthétisées dans des petits livrets colorés aux visuels fleuris qui donneraient presque envie de prendre toutes ces molécules ! Par-dessus tout, les effets secondaires y sont rapportés avec exactitude, mais sans alarmisme. C'est cependant de ces descriptions que j'ai tiré la liste des effets indésirables cités plus haut. Et elle est loin d'être exhaustive !

Prendre des médicaments sans nom, sans être à l'affût d'effets secondaires, que je préférais de toute façon attribuer à d'autres causes, m'a permis de garder une bonne distance entre ces notices affolantes et ma réalité de patiente, qui s'est révélée bien moins compliquée que ce qu'on l'on aurait pu imaginer. Parfois le déni a du bon !

Seule coupable

Est-ce que j'en ai voulu à celui qui m'a contaminée ? Non, jamais. On ne peut pas en vouloir à celui qui ignore vous avoir fait du mal. Il n'avait commis aucun crime, pas même par omission. Le virus fut découvert en 1983[1], ma contamination devait remonter à 1986. À cette époque, on ne parlait de rien : ni du dépistage ni des préservatifs. Je ne pouvais décidément en vouloir à personne, sauf à moi-même.

Est-ce que je l'ai revu ? Non, jamais. Est-ce que j'ai cherché à savoir ce qu'il était devenu ? Pas davantage. J'imagine qu'il a dû succomber à la maladie il y a déjà bien longtemps. Est-ce que son regard me

1. 1981 : premier cas de sida observé aux États-Unis.
1983 : découverte du virus Lymphadenopathy Associated Virus (LAV) par les Français Luc Montagné et Françoise Barré-Sinoussi.
1986 : le virus prend le nom de VIH.

hante ? Parfois, oui, dans mes rêves. Parfois aussi, dans la foule, je crois le reconnaître et cela me glace. Mais ce ne sont que des hommes qui lui ressemblent.

Et moi, qu'ai-je fait à partir de ce moment-là ? Bien sûr, j'ai pris mes responsabilités, j'ai prévenu les deux petits amis que j'avais eus entre la date supposée de ma contamination et ma date de dépistage. Par courrier. Il est déjà difficile à cet âge de parler ouvertement de sexualité, alors je n'ai pas pu le leur dire en face. Ils ne m'ont jamais parlé de ces lettres, même si nous avons continué à nous côtoyer. C'est étrange, cette loi du silence qui s'installe autour des sujets les plus tabous.

Je n'ai par la suite jamais engagé de relation amoureuse sans révéler auparavant ma sérologie à mon partenaire. L'usage du préservatif, qui n'était pas encore un réflexe à cette époque, devenait indispensable. Il fallait donc m'expliquer. Quelle belle entrée en matière, n'est-ce pas ?

Comment se construire, comment apprendre à s'aimer et à aimer l'autre, lorsqu'on est virtuellement porteur de la mort ? Pour ceux que l'on chérit le plus, on est un danger. Alors, on aime avec retenue, parce qu'on ne se sent pas digne de cet amour. En ce qui me concerne, c'est même pire que cela. Accepter de me laisser aimer est devenu un combat permanent dont je sors rarement vainqueur.

Et définitivement seule

Je n'ai pas eu de meilleure amie « pour la vie ». Vous savez, la copine d'enfance qui traverse les étapes de votre existence et dont rien ne peut jamais vous éloigner. Celle à qui vous continuez de tout raconter, quelles qu'aient été vos trajectoires. Enfant, déjà, je n'avais pas vraiment d'amis. Trop solitaire pour cela.

La nouvelle dramatique que l'on m'annonça à mes quinze ans avait fait naître une belle amitié avec une jeune femme, Isabelle, de deux ans mon aînée. Mais cette relation fut de courte durée. J'en reparlerai plus loin.

Par la suite, le secret entretenu autour de ma maladie fut un obstacle majeur à nouer de vraies relations d'amitié. À quoi bon se lier avec les autres si l'on est contraint de jouer un rôle de composition, si l'on est incapable d'être soi ?

J'aurais pourtant souhaité ne pas rester seule,

mais je n'avais pas le choix. Le non-dit était ma règle d'or, et je me repliais progressivement sur moi-même, me focalisant exclusivement sur le combat intérieur que je menais, et qui était le seul à m'animer.

Par ailleurs, je ne rentrais plus dans aucune case. J'étais différente de mes camarades du même âge parce que porteuse d'un virus mortel, mais je n'appartenais à aucune des communautés VIH organisées. J'aurais aimé connaître des malades auxquels j'aurais pu m'identifier davantage, avec qui partager, échanger. Aussi surprenant que cela puisse paraître, je n'ai jamais noué de lien avec aucun autre séropositif.

Au final, mon quotidien d'adolescente était donc tout ce qu'il y a de plus lisse. Sage avant l'âge, je ne sortais plus que très peu, la plupart du temps avec mon amie Isabelle pour boire un verre (le plus souvent pas ou faiblement alcoolisé), et fumer quelques cigarettes. Je passais beaucoup de temps à étudier, et à me consacrer au milieu associatif sportif auquel j'appartenais. J'encadrais des enfants et participais bénévolement à toutes les tâches courantes de l'association. Le tout avec la présence constante de mes parents, très impliqués, eux aussi. Seuls adultes proches à savoir ce que je vivais, ils étaient mon phare dans la nuit.

Durant toute cette période, nous avons été très unis, sans pourtant jamais verbaliser nos sentiments. Mes parents et leur entourage sont devenus mes relations les plus proches, et, aujourd'hui encore, les seules connaissances passées avec qui j'entretienne encore des liens sont leurs amis de toujours, devenus aussi les miens.

J'apparaissais donc comme une jeune fille d'une grande maturité, se détournant des excès que cet âge autorise habituellement. Telle était ma façon de nier mon triste comparse, cette apparente stabilité ne lui laissant aucune prise sur ma vie.

Il m'arrive pourtant de rêver de bande de copains de vingt ans, ceux que j'aurais été capable de rencontrer si mon histoire avait pris un tour plus normal, de cette continuité et de ce liant qu'est certainement l'amitié, de ce soutien réciproque, de ce réconfort permanent.

Souvent, ce sont les folies de jeunesse qui forment le ciment de ces grandes amitiés. Chez moi, il n'y avait plus aucune folie possible. Donc, pas d'amis non plus.

En ce sens, j'ai une dette envers la voix qui ne m'a jamais quittée durant toutes ces années. Et qui n'est autre que celle d'une station de radio.

Je l'entends plus que je ne l'écoute, comme une vieille copine dont on connaît déjà toutes les histoires. Sa ritournelle me tranquillise, me rassure. Dans mon enfance, elle comblait les silences pesants de la maison. Et, aujourd'hui encore, j'ai besoin de l'entendre. Elle remplace le coup de fil à l'amie de vingt ans que je n'ai pas. Un petit coup de cafard, une pensée noire, j'allume la radio. Le matin m'étant plus difficile que n'importe quel autre moment de la journée, mon premier geste est de l'allumer pour qu'elle fasse disparaître les miettes des rêves troublés que je fais souvent.

Cela finit forcément par agacer mon entourage car, comme les enfants « tchatchent » en permanence, ce fond sonore devient vite pénible. Et quand je finis par éteindre la radio, j'entends souvent l'un d'eux s'exclamer : « Enfin, Maman ! Elle nous fatigue ta radio. » Parfois, ils m'interdisent même de l'allumer ; mais jamais le matin, ce n'est pas négociable.

J'ai poussé le fétichisme jusqu'à récupérer le poste sur lequel ces voix ont rythmé mon enfance. Un Telefunken de 1953 qui avait appartenu à mon grand-père, et que ma mère, un peu surprise par ma demande, m'a légué pour Noël dernier, en état de marche, et toujours réglé sur la même station, bien sûr.

Les années sida

Nous sommes le 15 février 2010. Je suis revenue de l'hôpital avec une belle prolongation de mon arrêt maladie. Belle parce que je sais que je suis en train de regagner du terrain, mais pas sur le VIH : sur moi-même. Je supporte bien mon nouveau traitement censé me sortir petit à petit de ma grande fatigue ; il se confirme que c'est la Rolls du moment.

Après avoir passé vingt-deux ans à me désintéresser de la cause du sida, j'ai désormais soif de savoir où en est la recherche, comment je peux contribuer pendant cette période à faire avancer les choses. Je suis prête à m'engager, à donner de mon temps. Certes, j'ai mis toutes ces années à commencer à accepter cette maladie, mais il n'est jamais trop tard.

Je dois être la plus ancienne séropositive à avoir aussi peu de connaissances sur le VIH. Je m'en suis désintéressée jusque-là au point de dédaigner les associations militantes, dont le combat trop stigmatisant m'indisposait. Une seule d'entre elles a néanmoins toujours eu ma sympathie, c'est SolEnSi, au profit des enfants contaminés par le virus.

Je ne porte aucun jugement négatif sur l'action militante des autres associations, qui a été déterminante pour les communautés qu'elles représentaient, et de manière générale pour la prise en charge de la maladie et l'accès aux traitements. Mais je ne pouvais pas m'y reconnaître, car je n'étais ni homosexuelle, ni toxicomane, ni prostituée, ni marginale, ni même artiste ! Je restais donc seule face à moi-même car aucune cause ne me représentait vraiment. Vous souvenez-vous de ce bouquin : *Moi, Christiane F., 13 ans, droguée, prostituée*, biographie de Christiane Felscherinow sortie en 1979 ? Je me disais souvent, en me moquant de moi-même : « Moi, Anne B., 16 ans, hétérosexuelle, séropositive, lycéenne. »

Il m'a semblé en particulier que la cause homosexuelle avait formidablement progressé en parallèle de la lutte contre le sida, et que les deux combats s'étaient alors rejoints pour s'épauler l'un l'autre. La communauté gay s'était fédérée autour de la lutte contre le VIH, ce qui l'avait renforcée. J'étais naturellement assez éloignée de ses revendications qui dépassaient largement celles de la lutte contre le sida, et n'étaient donc pas les miennes. N'appartenant pour ma part à aucune communauté, je n'avais pas d'espace de parole ni de représentation à ma disposition. Je subissais une double exclusion :

celle de la norme sociale dans laquelle je ne rentrais plus, celle des populations VIH « classiques » auxquelles je n'appartenais pas.

Pour comprendre ce paradoxe, il faut se remémorer la manière dont on a pu parler du sida dans les années 90 : le film emblématique de cette période fut *Les Nuits fauves*[1]. Sa qualité cinématographique était déjà, en soi, remarquable. Mais il ne s'agissait pas d'une fiction, c'était un film autobiographique, celui de Cyril Collard, mort à trente-cinq ans. Ce garçon était tout simplement bouleversant ; il avait voulu rendre hommage à la vie avant que la mort ne le rattrape. Mais il n'était déjà plus là pour recevoir les nombreux prix qui avaient couronné le succès de son long-métrage. Que pouvais-je faire de ce legs, à part l'oublier ? Le livre qui marqua le plus les esprits à la même époque fut celui d'Hervé Guibert, *À l'ami qui ne m'a pas sauvé la vie*[2], sorti en 1990. C'était un récit écrit d'une plume brute, mais très humaine, qui correspondait à ma sensibilité. Mais Hervé Guibert est mort lui aussi, en 1991. Là encore, il valait mieux oublier, ne plus lire, ne plus s'informer, ne plus regarder derrière soi.

Voilà, j'en suis restée là. J'ai cessé de m'intéresser à la cause du sida très tôt, parce que tous ses représentants symboliques mouraient les uns après les autres.

1. *Les Nuits fauves*, réalisateur Cyril Collard, 1992.
2. *À l'ami qui ne m'a pas sauvé la vie*, Hervé Guibert, Éditions Gallimard, 1990.

Je mesure en 2010 le chemin parcouru. J'ai l'impression de m'être endormie pendant vingt ans, et de me réveiller seulement aujourd'hui en découvrant ce qu'est devenue cette maladie en France et dans le monde. J'ai beaucoup à rattraper, beaucoup à faire, beaucoup à donner. Depuis peu, j'ai décidé de me rapprocher de l'association Aides. J'ai apprécié leur contact, leur engagement actuel dans toutes les formes de luttes contre le VIH, et aux côtés de toutes les populations.

Peut-être ferons-nous un bout de chemin ensemble.

Docteur, tu n'auras pas ma peau

Un jour de 1989, alors que j'étais en classe de 1re S – S comme scientifique, les meilleurs, la crème de la crème, la future élite –, le médecin de l'hôpital, une femme qui m'inspirait confiance malgré des atours assez brutaux, m'annonça que mon taux de CD4 (pour les novices, mon taux de lymphocytes T4) venait de passer au-dessous du seuil fatidique de 500, et que je devais immédiatement passer sous AZT (Azidothymidine). L'AZT, le terrible.

Ce chiffre de 500 ne me parlait pas plus que celui de 800 ou 50. Je sais depuis que 500 (qui signifie 500 CD4/mm^3) est considéré comme un taux élevé pour une personne non traitée, et, sous traitement, je ne le franchis d'ailleurs que très rarement, me situant plutôt aux alentours de 300. Mais le CHU dans lequel j'étais suivie incitait les patients à se faire traiter le plus tôt possible.

Si ce taux n'avait pas beaucoup de signification

pour moi, j'avais en revanche eu l'occasion de rencontrer lors de mes fréquentes visites à l'hôpital des patients traités à l'AZT. Leur dégradation physique, leur fatigue extrême étaient terribles à voir. Était-ce vraiment le traitement ou bien le VIH qui produisait ces ravages ? Je n'en savais rien, mais tous se plaignaient des effets secondaires de ce médicament, et cela m'effrayait.

N'ayant aucun symptôme apparent de la maladie, je ne voyais pas l'intérêt de recevoir un traitement aussi lourd. Pourquoi se soigner quand on ne se sent pas malade ? J'ai donc regardé froidement cette femme, et lui ai répondu, avec le courage des adolescents effrontés, que je ne prendrais de l'AZT sous aucun prétexte. Elle m'a considérée d'un air éberlué. Qui étais-je pour refuser sa science ? Je n'étais personne, et c'était là ma force. Je lui ai même rétorqué : « Si vous pensez que je vais vous laisser décider de ma vie pour un taux de CD4 qui vient de basculer du mauvais côté, vous vous trompez. »

J'avais accepté pendant un an de me soumettre aux perfusions hebdomadaires, dont je n'avais pas ressenti l'efficacité ni compris le sens, sinon de m'obliger après le lycée à me rendre à vélo à l'hôpital, et faire mes devoirs avec une perfusion douloureuse dans le bras, un temps dérangée par des compagnons d'infortune me racontant leur vie tragique qui s'échouait dans cet hôpital. Certains perdaient la vue, d'autres respiraient avec difficulté, tous étaient livides. C'était un vrai mouroir.

Alors là, c'était la goutte d'eau qui faisait déborder le vase.

« Ma cocotte, ai-je pensé très fort, ton traitement, tu te le garderas, et moi, je vais retourner vivre, sortir de cet hôpital où je ne respire plus depuis trente minutes, et ne plus revenir, ne plus vous voir, ne plus lire la présence du virus dans le regard anéanti de mes comparses agonisants, dans cette mort prochaine inévitable, dans cette détresse d'une vie foutue. Adieu, je ne reviendrai plus. Moi, je vais vivre. »

Vous avez dit « Aids » ?

Après cet épisode, je ne suis effectivement plus retournée à l'hôpital, et cela au moins quatre années durant. J'ai décidé alors de me jeter à corps perdu dans les études, ce qui m'a plutôt réussi.

Arrivée à la fin de mon année de classe préparatoire HEC, nous devions passer des concours « blancs » pour préparer nos futures épreuves.

L'un des tests était un oral d'anglais, à partir d'un texte écouté sur un lecteur cassette audio. Je ne comprenais rien à ce texte, dans lequel un journaliste témoignait d'un sujet dont je n'arrivais pas à cerner le sens. Cela parlait de « *Aids* ». J'ai pensé qu'il s'agissait d'une « aide » à une cause quelconque, mais celle-ci n'était jamais précisée dans le texte ; bref, j'étais perdue.

Engageant alors la conversation pour m'inciter à m'exprimer, l'examinateur a vite compris que je n'avais tout simplement pas saisi le sens du mot

« Aids », ce que j'ai dû confirmer. Il m'a alors expliqué en le traduisant en français de quoi il retournait.

J'ai contrôlé mon trouble, et réussi tout de même à faire bonne figure en émettant quelques propos cohérents sur ce thème, car j'avais effectivement certaines notions en « Aids », ce qui m'a, finalement, tirée d'affaire.

Comment, après m'être immiscée quelques années auparavant dans la conversation d'Américains que je pensais bienveillants à mon égard, après avoir osé leur révéler que je savais parfaitement ce qu'était le « Aids » puisque j'en étais porteuse, comment avais-je pu à ce point refouler ce mot, au point de ne même plus en comprendre le sens ? J'étais si bien parvenue à bannir le VIH de mon existence que je ne pouvais imaginer qu'il puisse ressurgir à l'improviste, dans un contexte extérieur, comme, en l'occurrence, dans le cadre de mes études. Paradoxalement, l'examinateur avait dû penser que j'étais une jeune fille d'un milieu très protégé, n'ayant que peu de notions de cette maladie, et encore moins dans sa dénomination anglo-saxonne.

C'était parfaitement crédible, et d'ailleurs il s'en est à peine étonné, car, force est de reconnaître que dans ma petite ville de province, nous étions encore loin des premières campagnes de sensibilisation aux risques de transmission du VIH. Et quant à l'association Aides, fer de lance de ces actions, elle n'avait alors qu'une faible notoriété parmi la jeunesse.

Cet épisode traduit assez bien mon état d'esprit à la fin de l'adolescence : je ne parvenais pas à me représenter comme réellement séropositive. Tout cela ne pouvait être qu'une mascarade, une mauvaise blague, à laquelle je ne croyais pas vraiment.

Dans la même logique, pendant la période qui a suivi l'annonce de ma maladie, j'ai, à plusieurs reprises, interrogé les médecins sur la certitude de leur diagnostic. Je m'imaginais qu'ils avaient peut-être commis une erreur. Et, chaque fois, on m'a répondu que les bilans sanguins mensuels auxquels j'étais soumise (jusqu'à ce que je m'en dispense) permettaient de constater invariablement la présence du VIH dans mon sang, et qu'il ne pouvait donc s'agir d'une erreur. Mais je ne m'y étais pas résolue, et pour y échapper, assez vite, j'ai refusé de me soumettre à ces analyses.

Plus récemment, j'ai demandé à mon médecin si je ne faisais pas partie de cette catégorie rare (mais pas exceptionnelle, 1 cas sur 200) de séropositifs dont l'immunité résiste à la maladie, persuadée que ma longévité pouvait être liée à ce phénomène (repéré depuis longtemps, ce qui m'importait peu jusqu'alors).

En effet, certaines personnes infectées par le VIH développent une immunité naturelle contre le virus. Ces individus, une fois infectés, et en l'absence de tout traitement, évoluent très lentement vers le sida (certains, même, jamais), car ils semblent produire des globules blancs mieux armés pour lutter contre le virus[1]. C'est d'ailleurs la reproduction de cette immunité naturelle qui représente aujourd'hui le plus grand espoir de développement d'un vaccin thérapeutique (sous dix ans).

Je m'étais donc persuadée que j'appartenais à cette catégorie de personnes. J'avais même échafaudé l'idée que cette information ait pu ne jamais être évoquée devant moi parce que l'occasion ne s'était tout simplement pas trouvée… oubliant presque que j'étais traitée depuis plus de quinze ans pour une cause bien réelle, et pas par simple précaution d'usage. Car effectivement, non, je n'appartiens pas à cette catégorie rare. Je suis une séropositive à immunodéficience sévère, et, donc, fatale en l'absence de traitement.

Je n'ai pas d'autre choix que de l'accepter. « Aids » ne sera jamais un complet étranger pour moi.

1. Revue américaine *Nature,* publication du 5 mai 2010, « Effects of thymic selection of the T-cell repertoire on HLA class I-associated control of HIV infection ».

Pertes de mémoire

Depuis un an maintenant, je suis sujette à des troubles importants de la mémoire récente.

Il m'arrive d'être incapable de retrouver qui a bien pu me téléphoner cinq minutes auparavant. Je ressens des trous noirs vertigineux. Plus généralement, j'ai toujours la sensation d'avoir oublié quelque chose, ce qui se révèle hélas ne pas toujours être qu'une sensation. Dans les discussions, je n'arrive qu'avec effort à mettre un nom sur les personnes ou les lieux dont je parle, et j'inverse parfois les mots. Ainsi, récemment, je parlais à mon compagnon des vacances à… à… Saint-Vincent-de-Paul, au lieu de Saint-Paul-de-Vence ! Sans même m'apercevoir de mon lapsus ! Car Saint-Vincent-de-Paul est un nom qui, d'une part, m'est familier, et d'autre part, preuve d'un bel effort de recherche mémoriel, n'est pas si éloigné du nom qui m'échappait. Étrange hasard, néanmoins, qu'il s'agisse d'un hôpital parisien dans lequel il ne me serait jamais venu à l'esprit de passer mes vacances !

Cependant, ces petits soucis ne me paniquent pas au-delà du raisonnable car je n'ai encore jamais oublié mes enfants à l'école ! Vu l'importance qu'ils ont pris dans mon nouveau quotidien, ce serait un signal très préoccupant. Mais, avec le temps, je crains tout de même l'aggravation de ce symptôme.

Je note donc tout ce que j'ai à faire, et il ne me reste plus qu'à ne pas oublier de me référer à mon pense-bête. Je ne suis pas sûre que ce soit la meilleure manière d'exercer ma mémoire, mais c'est celle qui me sécurise le plus au jour le jour ; malgré cela, je commets encore certaines omissions. « Oublier » est d'ailleurs le mot que je dois répéter le plus dans une journée, et mes enfants me charrient gentiment à ce sujet : « Maman tu as encore oublié ! », « Maman tu n'oublieras pas ? », et parfois même : « Maman, t'es grave ! »

Je ne sais pas si ce phénomène est lié à mon traitement, ou bien au VIH lui-même, ou encore à un atavisme familial (ma mère étant naturellement très distraite). Je ne crois cependant pas à cette dernière piste, car, jusque-là, je n'avais jamais présenté ce genre de symptômes, gardant au contraire tout en tête. Ce trouble est apparu soudainement.

J'en ai donc parlé à Benjamin, mon médecin. Certaines personnes porteuses du VIH développent des encéphalites, qui se voient à l'IRM cérébrale. Or j'ai pratiqué cette IRM il y a moins d'un an, et n'avais aucune lésion. Benjamin a donc décidé de m'orienter vers une consultation neurologique, à l'hôpital Sainte-Anne de Paris. Grâce à sa recommandation, un rendez-vous m'a été proposé quelque quatre semaines plus tard (quand même). Et là, je me suis heurtée de nouveau à ces travers de la consultation hospitalière auxquels je pensais ne plus jamais être confrontée.

Je ne parle pas de la consultation elle-même, puisqu'elle n'a pas encore eu lieu. Mais de la manière dont le rendez-vous a été fixé. C'est ainsi qu'on m'a proposé de venir à une heure où je garde mes enfants, n'ayant plus recours à des aides extérieures depuis mon arrêt maladie. J'ai donc rappelé pour expliquer qu'il me serait difficile de me rendre à ce rendez-vous. Je me suis alors vu répondre qu'effectivement les rendez-vous, ça n'était pas facile, ma bonne dame, mais que ce serait ce jour-là, avec ce créneau horaire-là et pas un autre. Je savais pertinemment que la secrétaire médicale avait la possibilité de me proposer d'autres dates, même plus lointaines, mais elle s'y est refusée. En lui révélant la nature de mon cas de « force majeure », elle ne s'est pas démontée, et m'a rétorqué que je n'avais qu'à amener mes enfants. Je lui ai alors répliqué d'un ton ferme que cela ne me semblait pas être leur place, et que je ne souhaitais pas qu'ils assistent à ma consultation. C'est alors qu'elle a trouvé une réponse qui m'a désarçonnée : « On vous les gardera, nous ne sommes pas des monstres ! »

D'une part, j'ai pensé que cette personne, sans être un monstre, devait bien avoir un petit côté tortionnaire au fond d'elle-même ! Et puis, que le personnel hospitalier pense crédible de pouvoir garder mes enfants alors que les services de consultation, constamment surchargés, parviennent à peine à faire face à leur mission d'accueil, j'en suis restée sans voix !

J'ai donc dû conserver ce rendez-vous, auquel je ne sais pas encore si je pourrai me rendre… en espérant que je ne l'oublie pas, tout simplement !

Isabelle(s), mes béquilles

De seize à dix-huit ans, c'est-à-dire jusqu'à ce que je rencontre celui qui deviendrait mon premier mari, je n'ai eu qu'une seule amie, Isabelle. Et plus aucun petit ami.

J'avais croisé Isabelle via ce groupe de zonards qu'elle avait comme moi brièvement fréquentés, et c'est par le biais d'une connaissance commune, sans rapport avec eux, que je l'ai revue.

Nous avons très vite sympathisé, car, pour des raisons très différentes, elle et moi avancions seules dans la vie.

Isabelle sortait d'une séparation éprouvante avec un homme au caractère instable, de dix ans son aîné, et qui avait fini par la maltraiter. Elle cherchait à se reconstruire une vie plus douce. À ses dix-huit ans, elle avait déjà l'itinéraire d'un personnage « à la Zola » ; elle venait d'un milieu très marginal, élevée dans une caravane par une mère dévergondée et un père abuseur. Vers treize ans, elle a été placée dans une famille d'accueil, séparée de son frère. Pourtant, Isabelle a toujours été bonne élève, comme si l'école avait été pour elle la seule fenêtre ouverte sur un monde meilleur. Elle est d'ailleurs devenue par la suite professeur des écoles.

Nous sommes tombées dans les bras l'une de l'autre parce que nos histoires personnelles nous avaient rapprochées, ainsi que notre soif d'apprendre et de réussir pour faire fuir nos démons. Elle ne me parlait pas beaucoup de son passé, et je ne lui parlais pas non plus beaucoup du VIH. Mais nous nous épaulions l'une l'autre ; elle prenait souvent ses repas à la maison, dormait chez nous le week-end. Nous sortions parfois ensemble le soir, mais sans excès. Au final, on rigolait sans arrêt.

Isabelle était dans la débrouille permanente, mangeait et s'habillait avec trois francs six sous, c'était la reine du système D. En cela nous étions très éloignées, moi qui vivais sous la protection de mes parents et ne manquais de rien. Mais à cette époque, alors qu'elle était étudiante et moi encore au lycée, notre quotidien n'était pas si éloigné. Du moins, c'est ce que j'imaginais. Rétrospectivement, je m'aperçois que sa vie était autrement plus difficile que la mienne. Ses histoires de cœur restaient très rocambolesques. Je suivais cela de loin, avec ma maladie d'amour, mais toujours sans amoureux, et la laissais me raconter ses aventures sentimentales dans les moindres détails.

C'est lorsque j'ai rencontré mon premier mari

que nous nous sommes éloignées l'une de l'autre. D'abord parce que je me suis laissé absorber corps et âme par cette rencontre inespérée. Et puis, mes études et mon activité sportive étant très prenantes, je n'avais finalement plus beaucoup de temps à consacrer à Isabelle. Dans le même temps, elle s'est installée avec son compagnon, et, à sa manière, elle aussi s'est éloignée de moi.

Nous avons pourtant continué à nous voir, pendant quelque temps, sans partager la même complicité qu'auparavant. Certains de ses propos, soudain, ont même pu devenir blessants, sans qu'elle s'en aperçoive. Elle s'est, par exemple, étonnée, un jour, de la bonne humeur permanente de ma mère. Que cette femme puisse être si vivante alors que sa fille était porteuse du VIH lui échappait complètement, comme une chose incongrue. La confrontation de sa propre mélancolie avec l'absence totale d'un tel sentiment chez ma mère créait sans doute chez elle une incompréhension totale.

Elle a encore été présente à mon mariage, puis elle est partie s'installer dans une autre région. J'espère aujourd'hui qu'elle va bien et qu'elle se souvient de nos fous rires.

De 1989 à 2006 (soit dix-sept ans durant), je n'ai parlé à aucune autre personne de ma séropositivité, sinon aux hommes dont je suis tombée amoureuse, lesquels se comptent sur quelques doigts d'une seule main.

Étrangement, ma seconde confidente, dont j'ai fait la connaissance en 2001, s'appelait aussi Isabelle.

Elle avait presque l'âge d'être ma mère, et n'aimait pas que je le lui rappelle.

Je ne lui ai révélé ma séropositivité qu'en 2006, soit cinq ans plus tard. Ce qui lui a laissé le loisir de me considérer pour ce que j'étais, et non par le seul prisme, tellement envahissant, de la maladie.

Je n'imaginais pas éprouver à nouveau le besoin de me confier à quelqu'un. Mais un jour, traversant un moment de grande solitude, je lui ai demandé de descendre dans mon bureau, l'ai fait s'asseoir à ma table de réunion, comme si nous allions parler d'un sujet professionnel, et lui ai dit tout simplement la vérité. Parce que je l'aimais beaucoup, j'étais certaine qu'elle avait les qualités humaines pour accueillir ma révélation avec sérénité ; l'âge et la maturité y étaient pour beaucoup. Elle m'a alors regardée avec tendresse, et j'ai su immédiatement que je pourrais toujours compter sur ce regard qui « savait ».

Isabelle avait l'art de déceler les moments difficiles, durant lesquels elle m'a toujours soutenue. Elle était dotée d'un altruisme surdimensionné, qui la faisait s'oublier elle-même. De 2006 à sa mort, en 2009, elle a été ma complice, celle qui garderait toujours un œil sur moi, présente en toutes circonstances ; il ne se passait pas une journée sans que je lui parle, toujours sous couvert de raisons professionnelles, mais sur un mode et un ton particuliers, ceux de la confiance réciproque totale. Nous ne nous sommes côtoyées que dans le monde du travail, parce qu'il était notre principal lieu de rencontre et que nous y étions présentes à l'excès. Lorsqu'une autre terrible maladie s'est invitée à ses côtés, elle n'a pas voulu la voir, au point de se retrouver prise en charge au moment où elle était déjà mourante. Après avoir compris que pour vivre il fallait accepter ses faiblesses, elle a vaillamment lutté contre le cancer, et s'est éteinte le 5 décembre 2009.

Pourquoi elle, et pas moi ? Pourquoi tous les autres, et pas moi ? Voilà qui renforce parfois mon sentiment de culpabilité. On ne sait jamais pour quelles raisons on s'en sort ! Toutes les hypothèses sont permises, bien sûr, mais aucune d'entre elles n'est jamais tout à fait satisfaisante. Je me perçois toujours comme une survivante, et en cela, je me sens redevable à la mémoire d'Isabelle que je n'ai pas su protéger, et de tous ceux qui, eux, sont morts du sida.

Car je suis en quelque sorte une miraculée.

Tomber amoureuse

Quitter le circuit hospitalier en 1989 fut pour moi une libération. Je ne sais plus ce que j'ai pu dire à mes proches, à cette époque. Très peu de chose, certainement. Le silence était ma religion. Et puis ce mal ne méritait pas qu'on s'y attarde, qu'on parle de lui. Ce qui comptait, c'est que j'allais pouvoir le faire oublier à tous, parce que plus rien ne me rappellerait son existence, pas même une consultation hospitalière. C'était jouissif.

Un seul point noir demeurait, celui de la sexualité, qui m'obligeait à le nommer. On ne peut pas jouir de tout ! Le nommer, quelle horreur ! Je tiens très certainement de là ma tendance à l'abstinence, qui aujourd'hui me hante, me ronge, m'empêche d'être une femme épanouie. Je suis une incapable sexuelle que chaque relation intime dérange. On me dit séduisante, et parfois belle, mais je ne suis jamais durablement ouverte à cette générosité, à ce partage, qu'est la sexualité. M'abandonner, lâcher prise, s'est avéré progressivement au-dessus de mes forces.

C'est en ces moments-là que je te hais, mon hôte invisible, quand je te sais là à te gausser, parce que dans l'intimité, je ne peux plus te nier. Là, tu exultes, tu cries victoire, et moi je pleure, je pleure de toutes mes forces de ne pas pouvoir être une femme à part entière.

À cause de toi, mon rapport aux hommes n'a jamais été simple.

Adolescente, je me servais avant tout de mes charmes dans une logique de reconnaissance, celle de la femme – et non plus de l'enfant – que je me sentais être. Mais peut-être du fait d'un manque d'expérience, et d'un décalage important entre mes partenaires et moi, j'ai acquis la conviction que la sexualité était trop souvent l'expression du pouvoir de domination des hommes sur les femmes, ce dont je ne me suis jamais accommodée.

Puis l'annonce de ma séropositivité a sonné le glas de ce qui aurait pu me conduire à une vie amoureuse et sexuelle pleinement épanouie.

Car tomber amoureuse exige, dès le départ, un engagement de tout mon être, sans modération ni garde-fou. C'est une mise à nu intérieure immédiate. Si j'aime, je n'ai aucune échappatoire. Je suis contrainte de tout dire, de tout déballer, d'une manière qui me semble à la fois pesante et obscène, aux antipodes de la légèreté des jeux de séduction.

« Je t'aime et je suis séropositive. » Deux phrases

qui sont, dans ma situation, forcément indissociables, et pourtant souvent antinomiques.

Pour ajouter à la difficulté, je ne peux non plus me contenter de déclarer que je suis séropositive et en rester là. Il faut encore me livrer, me dénuder, raconter ce que j'ai vécu de plus douloureux, de plus intime et de plus refoulé. Et espérer que l'autre m'accepte telle quelle, le propulsant lui aussi au cœur de mon moi le plus profond, sans qu'il en ait eu le choix. C'est un peu comme miser beaucoup au poker, avec un tout petit jeu. Les chances de réussite sont minces.

S'il m'accepte, nous nous retrouvons liés sur-le-champ. Sans même avoir appris à nous connaître. Sans que je sache encore si cet homme est digne de ma confiance, et lui si je le suis de la sienne.

Mais, bien entendu, c'est encore pire s'il me refuse. Je reste là, nue, ma blessure béante, humiliée d'avoir dû déshabiller mon âme devant quelqu'un qui me rejette.

Heureusement, cela m'est peu arrivé ! Pour éviter de telles déconvenues, j'ai tâché de ne pas tomber amoureuse trop souvent. Peu de prises de risque entraînent généralement peu de mésaventures. Il va de soi que les coucheries d'une nuit n'ont plus jamais fait partie de mon univers. Pour ces raisons-là, et parce que l'usage du préservatif n'était pas très répandu chez les hétérosexuels de ma génération. Il aurait fallu encore me justifier, m'expliquer, me dévoiler avant d'entamer la moindre relation sexuelle. Je n'ai donc plus jamais « couché » par simple plaisir de la chair. Avec moi, c'était toujours « pour la vie ». Ou rien.

« Peu » arrivé ne veut cependant pas dire que cela ne m'est « jamais » arrivé. Aujourd'hui encore, je traîne la blessure d'un refus cinglant essuyé après une déclaration d'amour qui m'avait conduite à « tout » déballer.

D'abord, je n'ai pas cru à ce rejet. J'ai pensé que ça n'était qu'une question de temps. Je me suis obstinée, pire, je me suis mise à genoux, j'ai rampé, supplié. En vain. Je me suis entêtée en me persuadant qu'il était forcément amoureux de moi, mais, que, bien sûr, il ne voulait pas se l'avouer.

Au-delà de la frustration amoureuse, cet échec m'a profondément meurtrie. Involontairement, en m'obligeant à lui livrer mon secret, cet homme m'avait pris une partie de ma dignité.

L'interrogation qui me ronge encore porte sur la véritable raison de ce rejet. Ma séropositivité avait-elle constitué pour lui un repoussoir, conscient ou inconscient ? Il me trouvait séduisante, me l'avait confié, mais à ses yeux, j'étais « impossible ». Il ne m'a jamais dit pourquoi.

De cette épreuve, je suis sortie terriblement humiliée et mortifiée.

Comme le chantait si bien Barbara[1] :

« On rêvait d'amour
À mourir d'aimer

1. « Sid'amour à mort », Barbara, 1987 (pas d'enregistrement en studio).

Un mal qui ne se dit pas

Et l'on meurt d'amour
Sida sidamnés
Maladie d'amour
Où l'on meurt d'aimer
Seul et sans amour
Sid'abandonné. »

Ma première union

Un an après mon retour forcé des États-Unis, à l'aube de mes dix huit ans, je suis néanmoins tombée amoureuse de celui qui allait devenir quelques années plus tard mon premier mari.

Il ne s'agissait pas vraiment d'une rencontre. Je l'avais toujours connu ; il m'avait presque vue naître, en quelque sorte, car nos deux familles se fréquentaient de longue date. Il était le cousin germain des amis les plus proches de mes parents, avec lesquels nous partagions la maison familiale.

Qu'il m'ait été plus facile de me rapprocher de quelqu'un de familier n'a rien d'étonnant. Parce qu'il me côtoyait déjà dans la vie de tous les jours, il ne pourrait pas me réduire à ma seule séropositivité.

Une grande différence d'âge nous séparait – de neuf ans – et notre relation a été aveugle de part et d'autre. De mon côté, sachant le mal qui me rongeait, susciter autant d'amour était inespéré. Cela m'a empêchée de voir les profondes différences qui feraient plus tard échec à notre union.

J'étais une jeune fille déterminée et prometteuse. Il allait m'aimer et me soutenir obstinément. Mais la cage qu'il a confectionnée pour me protéger finirait par être trop étroite. Je crois que ma maladie n'était pas étrangère au fait qu'il m'ait aimée plus que de raison. Ce contexte donnait une dimension plus intense et plus profonde à notre relation. Dépasser le VIH n'était pas à la portée de tout le monde, au début des années 1990. Pourtant, cet homme m'a portée, m'a soutenue, sans jamais craindre la contamination. Il s'est placé en protecteur, et ça n'est pas un hasard si, à cette époque, les relations avec mon père se sont à nouveau raidies. À certains égards, mon compagnon prenait sa place, celle qu'il avait peut-être eu du mal à tenir, mais qu'il pensait être la sienne et certainement pas celle d'un autre homme. À la suite de tensions extrêmes, j'ai quitté le domicile familial pour m'installer avec mon compagnon dès l'année 1991, sur un certain malaise. Une fois encore, la désapprobation silencieuse de mon père, peut-être tout aussi fondée que la précédente, n'avait pas trouvé le chemin des mots.

Grâce à ce nouvel équilibre affectif, je me suis consacrée entièrement à mes études. C'était une très belle période. J'adorais étudier, et faisais mille projets d'avenir.

Le premier grain de sable est venu du choix de

mon école de commerce que je me suis sentie devoir faire sous contrainte. Alors qu'à la fin d'une première année de classe préparatoire HEC, j'avais décroché une admission dans des écoles de tête de classement, j'ai finalement décidé d'intégrer l'école basée dans ma ville d'origine, au classement moyen, pour rester avec mon compagnon.

Puis, au début de ma carrière professionnelle, alors que j'étais retenue pour intégrer un grand cabinet d'audit parisien, j'ai préféré rejoindre sa succursale de province, à nouveau pour ne pas m'éloigner de mon mari. Ayant développé à mon égard un fort sentiment de possessivité, il aurait désapprouvé que je prenne un tant soit peu mes distances.

Là était certainement l'inquiétude de mon père, que je me marie trop tôt et ne sois plus libre de mes choix, mais il n'avait pas su me le dire, ou peut-être que je n'avais pas su l'entendre.

Bien sûr, cette vie étriquée n'a pas tardé à m'être insupportable. Toute tentative d'évolution sociale était freinée. Alors que j'allais selon toute vraisemblance mourir dans les prochaines années, traîner en chemin de la sorte, en passant à côté de ce qui était à ma portée, m'était insoutenable. En novembre 1997, j'ai décidé de quitter notre domicile pour m'établir temporairement chez mes parents, dont la porte était toujours restée ouverte. Et en mars 1998, j'ai emménagé à Paris, enfin libre.

Malgré tout, je n'ai jamais oublié l'intensité de notre union, quelles qu'en aient été ses limites.

Notre relation était devenue impossible, mais elle est restée indélébile, car cet homme a été le premier à m'aimer *avec* ma maladie.

Il était par ailleurs papa de deux petits garçons, Thibault et Matthias. Encore très jeunes au moment de la séparation de leurs parents, ces deux enfants ne m'en ont pourtant jamais tenu rigueur, et m'ont tout de suite adoptée.

Pensant alors que la chance d'être maman ne me serait jamais donnée, je leur ai prodigué un amour quasi maternel. Oui, j'ai en partie transféré sur eux mon désir d'enfants qui resterait, pensais-je, inassouvi. Si l'on pouvait commencer à espérer que la médecine permette un jour à des femmes comme moi d'être mère, il était tout de même très peu vraisemblable que je sois encore en vie ce jour là, compte tenu des statistiques de mortalité de l'époque.

Matthias avait deux ans lorsque je suis entrée dans sa vie. Je l'ai pouponné tout en essayant d'atténuer la souffrance que ressentait son frère aîné, lorsqu'il était chez nous, du fait de l'absence de sa maman. Je les ai énormément aimés, sans pourtant chercher à devenir une autre mère pour eux. M'occuper de ces deux petits garçons ne m'a jamais pesé. Je ne pensais pas que je donnerais un jour la vie : leurs rires et leur affection m'ont comblée. Leurs cheveux blonds sentaient bons, leurs yeux bleus écarquillés m'illuminaient. Leur papa et moi nous sommes mariés ce 3 septembre 1994 avec leurs petites mains dans les nôtres. Matthias avait cinq ans, Thibault huit ans. Tous les quatre, nous étions liés.

Trois ans plus tard, lorsque j'ai quitté leur père, ils étaient encore trop jeunes pour que j'entretienne une relation directe avec eux. Et je ne souhaitais pas compliquer une situation déjà très perturbée. Ils avaient un papa et une maman : je ne voulais pas qu'ils subissent une fois encore la difficulté d'avoir à gérer les suites d'une séparation.

Eux aussi, pourtant, je les ai laissés derrière moi, sans me retourner, sans m'expliquer. Partir ainsi, comme si nous n'avions rien été les uns pour les autres, m'a énormément coûté. Et je ne peux qu'imaginer le sentiment d'abandon qui a dû être le leur. Mon mari savait que c'était un aspect très difficile de ma décision. Le jour où il a compris que tout était fini, il en a profité pour me lancer : « Comment peux-tu laisser les enfants ? »

Si je n'ai pas cédé, j'en ai pourtant éprouvé un fort sentiment de culpabilité.

Quelques années plus tard, le 31 juillet 2001, j'étais transférée au bloc pour accoucher de Marie, mon premier enfant. J'ai pensé alors à Matthias, qui était né onze ans auparavant… un 31 juillet. Et j'aurais vu comme un joli signe du destin que ma fille naisse le même jour que lui. Un encombrement du bloc opératoire en a décidé autrement. Marie est arrivée à 0 h 50, soit le 1er août. Mais, toute cette journée en particulier, Matthias a été avec moi, et jamais je ne les ai oubliés, ni lui ni son frère.

J'ai aussi été marquée par mes beaux-parents de l'époque, dont le souvenir me suit toujours. Avec cette seconde famille, j'ai découvert qu'on pouvait ne jamais s'énerver, se parler sans tension ni agacement ni éclats de voix, et privilégier en permanence la gentillesse, la discussion, la générosité, et par-dessus tout la tolérance. P. et K., qui connaissaient mon secret, m'ont apporté par leur calme, leur bienveillance et leur affection un immense réconfort qui m'a permis de sortir progressivement de ma coquille.

Je me souviens cependant de ma dernière communication téléphonique avec K. au cours de laquelle elle pleurait de douleur pour son fils, que notre rupture avait meurtri. C'était en octobre 1997. Une fois encore, je refusais de me soumettre, et je crois qu'elle l'a compris, quoi qu'il lui en ait coûté. Quelques semaines plus tard, son mari et elle m'écrivaient ces mots, inspirés d'une de leurs références littéraires, le poète Louis Aragon :

« La douleur enfante les songes
Comme une ruche ses abeilles
L'homme crie où son fer le ronge
Et sa plaie engendre un soleil
Plus beau que les anciens mensonges »

(L. Aragon[1]).

« Dégage bien ton chemin, Anne.
C'est ce à quoi nous sommes tout un chacun condamnés. »

1. « Les Poètes », Louis Aragon, Gallimard, 1960.

Elle s'appelait Louna

Durant ma première union, et malgré nos précautions, je suis accidentellement tombée enceinte. Cet événement n'est pas survenu au meilleur moment. À cette étape de ma vie, en effet, je ne m'autorisais pas même à penser à l'éventualité d'être mère : j'étais séropositive, je n'étais pas traitée, je ne pouvais donc pas envisager d'avoir un enfant.

Malgré cela, tomber enceinte m'a procuré une joie intense. Jusque-là, je m'étais mis en tête que ma pathologie, conjuguée aux infections génitales à répétition à l'origine du diagnostic de ma maladie, ne me permettrait plus physiologiquement d'avoir un enfant.

Pour la première fois, alors, je me sentais emplie de vie, moi qui l'étais de mort, et pensais que tel serait éternellement mon sort.

Mais celle que j'avais, dans mon imaginaire, appelée Louna, ne pourrait jamais voir le jour, parce que sa mère était malade et qu'il y avait un risque beaucoup trop grand qu'elle le soit elle-même. À cette époque, qui précède, je le rappelle, celle des trithérapies, l'évolution des enfants séropositifs au stade sida était rapide, et leur espérance de vie n'excédait pas quelques années. Il n'était même pas question d'y réfléchir, jamais je ne prendrais le risque d'hypothéquer la vie d'un enfant.

Je me suis alors rendue à la consultation gynécologique de l'hôpital le plus proche, afin de constituer le dossier d'un avortement pour raison thérapeutique. J'ai découvert à cette occasion que, pour soulager la conscience des personnes qui ne peuvent envisager une maternité pour des raisons de santé, il existe une terminologie différente, moins culpabilisante, dénommée « interruption thérapeutique de grossesse » (ITG), par différence avec l'« interruption volontaire de grossesse » (IVG). Cela n'en demeure pas moins un traumatisme. Et comme en témoigne le professeur Ch. dans le mot qu'il m'a récemment adressé après avoir reçu de mes nouvelles : « ... deux enfants, c'est quand même *top* ! Moi qui ai dû convaincre quelques-unes d'une interruption... », la chose était donc fréquente.

Je me souviens de chacun des instants de cette journée particulière où l'on m'a enlevé à nouveau la vie. Bien que, cette fois, ce n'ait pas été la mienne. Mon amie Isabelle m'accompagnait et m'a soutenue pendant toute cette épreuve que j'ai traversée en tenant mes proches à l'écart de cet événement. Le soir même, il n'y paraissait plus rien. Et, sans changer mes plans, je me suis investie dans le déroulement d'une fête que nous donnions à l'association pour laquelle je travaillais, ne m'arrêtant pas une minute, jusque tard dans la nuit, jusqu'à l'épuisement, jusqu'à en perdre haleine.

Il me semble avoir déjà écrit ces mots.

Observance

C'est un joli mot, « observance ». Il est discret et doux. C'est ça, très discret…

Dans la pratique médicale, l'observance mesure la prise effective, et selon les bonnes posologies, d'un traitement thérapeutique.

Dans le traitement du VIH, la problématique de l'observance est centrale.

En effet, l'administration des médicaments intervient dans la sphère privée du patient. Il est heureux de ne pas avoir à se rendre systématiquement en milieu hospitalier pour être soigné, mais cela fait reposer le poids de la prise en charge sur le patient lui-même.

Bien souvent, pour certaines personnes, l'acceptation du VIH est difficile et participe d'une phase de « digestion » plus ou moins longue. Or, le traitement est un rappel permanent à la pathologie dont on souffre. L'oublier est donc une échappatoire facile.

Ce, d'autant plus que les patients asymptomatiques, sous l'effet des traitements, deviennent symptomatiques ; comme, par exemple, dans le cas des chimiothérapies, où l'on se met à souffrir de maux liés non pas directement à la maladie, mais aux effets secondaires des traitements très lourds que l'on prend. Devenir malade en se soignant, voilà un phénomène bien singulier.

Pour ma part, j'ai donc longtemps refusé de prendre les traitements qu'on m'avait proposés. J'avais déjà commencé par rejeter farouchement celui qu'on avait voulu m'imposer en 1989, précisément pour ne pas devenir malade d'être traitée. Et puis la raison aidant, j'avais fini par accepter, après plusieurs années d'insoumission au diktat médical, de me faire soigner. Cela doit remonter à 1995. J'étais diplômée depuis juin 1994, et la cause de mon renoncement aux traitements en 1989 était devenue obsolète : j'avais pu terminer mes études sans être perturbée par la prise d'une pharmacopée agressive. Par ailleurs, au début de ma carrière, je ne nourrissais pas encore d'ambition professionnelle dévorante.

Je soufflais donc un peu. Puis, j'ai fini par me décider à reprendre sagement le chemin de l'hôpital. Ne croyez pas que la peur ne m'ait pas hantée pendant cette phase de non-médicalisation. La mort était même une constante de ma pensée. J'avais vingt-deux ans, j'étais séropositive depuis sept ans, et je n'étais pas traitée. J'étais assez intelligente pour savoir qu'on ne peut pas défier éternellement le Malin. C'était déjà un miracle d'en être arrivée là. Alors, mesurant ma chance, je n'ai pas voulu la provoquer davantage et prendre le risque de tout perdre.

J'ai alors accepté de suivre les protocoles médicaux qui m'ont été proposés. Avec, cependant, un manque d'« observance » criant. En démarrant les premiers traitements, j'oubliais constamment de prendre mes médicaments. À cette époque, les prises étaient lourdes, souvent conditionnées de manière « brute », les substances étaient dégoûtantes à ingérer ; il m'arrivait même d'en vomir. Et, cerise sur le gâteau, elles étaient globalement inefficaces. Le traitement alors en vigueur était la bithérapie, c'est-à-dire une combinaison de deux molécules bloquant une partie du processus de réplication du virus. Mais ce blocage n'était pas total, et la progression du VIH, bien qu'un peu ralentie, demeurait inexorable ; mes taux de lymphocytes T4 (CD4) chutaient tranquillement, ma charge virale (mesure de la réplication du virus) explosait gentiment. Alors, finalement, à quoi bon ?

Et puis, en 1997, deux facteurs concomitants se sont conjugués.

Tout d'abord, il y a eu dès 1996 l'accès à la trithérapie, réputée pour enrayer efficacement la maladie, nous stabiliser et même nous faire regagner du terrain. La trithérapie associe trois molécules agissant à différentes étapes de la réplication du virus. Elles permettent de le contrôler avec succès. C'était une avancée médicale majeure ! Pour la première fois, il nous était permis d'espérer. Nous allions pouvoir vivre, certes avec le virus présent dans notre sang, mais sans risquer de mourir d'un jour à l'autre. En avril 1997, j'ai donc démarré ma première trithérapie.

Le deuxième facteur déterminant a été l'entrée d'un nouveau compagnon dans ma vie, futur père de mes enfants, qui allait très vite se transformer pour moi en pilulier. C'est lui qui matin et soir préparait mes prises, et veillait consciencieusement à ce que je les prenne. Il a été la première personne à me soutenir dans cette démarche, à sentir que seule je ne parvenais pas à donner à ma vie l'importance nécessaire pour la préserver. C'est avec lui que j'ai appris à me soigner.

Puis sont arrivés mes enfants, qui m'ont rendue pleinement adulte face à la médication. Depuis dix ans, je n'ai plus jamais manqué la moindre prise. Pour eux, je sais que je dois vivre. Pour leur permettre un jour de prendre leur envol, je me dois d'être solide. Matin, midi et soir, puis matin et soir, vingt pilules par jour, puis quinze et aujourd'hui « plus que » dix. Je n'en oublie pas une seule. C'est même devenu un comportement addictif ; si je ne fais pas la démarche de les prendre, le manque se fait sentir, un signal d'alarme se met en place dans ma tête et me ramène immanquablement au placard à pharmacie.

Aujourd'hui, j'en suis à mon quatorzième protocole thérapeutique en quinze ans. Au-delà des avancées scientifiques qui expliquent la constante évolution des traitements, le virus est aussi un petit malin qui a vite compris comment les contourner. C'est ce qu'on appelle communément le « développement de résistances ». Il est par conséquent nécessaire d'adapter régulièrement la trithérapie, sachant que chaque résistance développée à une molécule est définitive.

Dans mon cas, il y a encore un an, il n'y avait pas plus d'une ou deux combinaisons possibles pour me traiter, du fait des très nombreuses résistances que j'avais développées tout au long de mes années de traitement. C'est pourquoi je suis restée aussi longtemps sous la même ligne thérapeutique. Je n'avais pas d'alternative. Mais, heureusement, cette ligne s'est montrée efficace contre le virus bien qu'elle ait provoqué quelques dégâts à l'origine de mon épuisement actuel.

Peut-être vous demandez-vous ce que me disent mes enfants quand ils me voient me soigner ?

Rien, car ils m'ont toujours vue prendre des médicaments. Maman c'est comme ça, elle bouffe des pilules en grande quantité. C'est moi qui, un jour, ai pris l'initiative d'en parler ouvertement à ma fille âgée de neuf ans. Je lui ai expliqué que j'avais des problèmes de santé qui m'obligeaient à me traiter, mais que je n'étais pas en danger. Elle est d'ailleurs revenue de l'école en m'expliquant que ce que j'avais, ça n'était rien comparé à la maman de son copain Sacha, qui, de ce que j'ai compris, est diabétique. En l'écoutant me décrire l'anxiété de ce petit garçon, j'ai pu constater que ma maladie était pour elle sans commune mesure avec celle de la mère de son camarade… ou du moins ce que je lui en donnais à ressentir. Je me suis sentie très fière de cette absence d'angoisse et de peur chez ma fille ; en dépit de plusieurs mois de convalescence à la maison, j'avais réussi à positiver la situation et à ne pas les inquiéter. C'était déjà une victoire.

Pourtant, il m'arrive encore de rêver d'une pause thérapeutique. Comment serait ma vie sans médicaments ? Comment me sentirais-je, à l'état « brut » ? Je ne le saurai probablement jamais. Pour l'instant, en l'absence de traitement, l'infection par le VIH ne permet pas d'entrevoir de stabilisation de la maladie. L'arrêt thérapeutique serait même susceptible de déclencher des attaques graves de ce cher dormant. Alors, docilement, rigoureusement, je continue d'ingérer ma quantité industrielle de pilules.

Tu seras un homme, ma fille

Mon père a bien fait les choses… En exerçant ma volonté et mon goût pour l'effort, il m'a forgé un caractère en acier trempé. De par cette éducation, je ne suis pas surprise d'avoir reçu, dans le milieu professionnel, le surnom de « main de fer dans un gant de velours ».

Le gant de velours, je le dois à l'image dont les personnes de petite taille sont victimes. On nous trouve sympathiques, touchants, tout sauf faits pour être de « grands hommes »… et encore moins quand on est une femme ! J'étais donc cette petite personne aux airs de Pocahontas (du fait de mes longs cheveux bruns et de mon teint mat), qu'on ne devinait pas être la directrice financière, et, par la suite, encore moins la directrice générale. De plus, j'ai une caractéristique peu répandue : quoi qu'il arrive, je ne me départis jamais de mon sourire. Comme si ce dernier était une protection, je crois que je souris à la vie pour qu'elle dure toujours un peu plus.

Quant à la main de fer, elle était indéniable. Dans le domaine professionnel, nul ne pouvait aller contre ma détermination. Mes équipes, même solidaires et appréciant mes qualités humaines, étaient parfois fatiguées par cette constante dynamique. Je ne m'en rendais pas toujours compte, mais je ne leur laissais jamais le temps de souffler.

Parce que, évidemment, je vais vite, évidemment je grille les étapes, évidemment je surinvestis mes fonctions et franchis parfois la ligne jaune de l'inconvenance. Je me suis toujours permis de dire tout ce que je pensais, et me suis toujours sentie concernée par tout, faisant preuve d'omniprésence sur tous les sujets, qu'ils relèvent de près ou de loin de mes attributions.

Toutefois, j'ai aussi toujours écouté les arguments qui pouvaient m'être opposés. Puisque telle était ma façon d'être à l'égard des autres, j'acceptais et même sollicitais la réciproque, seule façon de progresser à mes yeux. Mais ce que personne ne devinait, c'était ce sentiment d'être investie d'une mission. Je devais aller le plus loin possible en un minimum de temps pour me prouver que j'étais quelqu'un. Certains sentaient cette fièvre, qu'ils traduisaient à tort comme une ambition sans limite. J'ai compris aujourd'hui que je me trompais de combat. Mais je reconnais avoir fait preuve parfois d'un orgueil démesuré.

C'est si vrai que j'ai fini par ressembler à... un homme. En dehors de ma difficulté à accepter la relation à l'« autre » dans l'intimité de tous les jours, j'ai, semble-t-il, adopté de plus en plus souvent un comportement masculin.

Il y a peu de temps, mon patron disait de moi que j'étais un homme, que je fonctionnais comme un homme. Je dirige, je n'ai pas peur, je suis courageuse. Je sais faire des blagues graveleuses, je suis affranchie. Je travaille autant qu'un homme, jamais je ne parle de moi, de mes enfants, des contraintes de la vie quotidienne, et encore moins du mal qui me ronge. Je suis devenue une machine, conçue pour batailler ferme sur le terrain de l'ambition personnelle et de la promotion sociale. Une machine destinée à évoluer dans un milieu d'hommes.

Mon compagnon aussi me le disait, lui qui me supporte depuis douze ans sans jamais me faire défaut, et qui accepte de vivre avec une femme qui n'aime pas tenir sa maison et se repose intégralement sur ses aides ménagères, quand ça n'est pas sur lui.

Alors, quand la fatigue me terrassait chaque soir, à peine rentrée à la maison, il « faisait la femme » comme il se plaisait à dire pour me provoquer. Ce qui l'énervait profondément. Non pas d'assurer une partie de cette logistique, car nous avions bien une « dame de maison », et il restait donc peu à faire. Et puis nous avions dépassé les schémas traditionnels homme-femme depuis longtemps. Non, ce qui l'exaspérait, en fait, c'était de me voir aussi épuisée, mais pas au point de renoncer à me remettre au travail, à peine remplies mes obligations parentales, et notre dîner avalé. Au lieu, bien sûr, d'effectuer mon devoir conjugal ! La fatigue et le travail finissaient par faire des ravages sur mon comportement. J'étais devenue invivable.

Et puis, rien à faire : une femme qui emprunte les codes de comportement des hommes, sans même renoncer à sa féminité, n'est plus désirable, ne provoque plus d'élan passionné, ou tout simplement plus de pulsions. Elle n'émet plus les bonnes phéromones ! J'étais prise au piège d'un véritable cercle vicieux. À ma difficulté à accepter la relation amoureuse s'était ajoutée l'incapacité à provoquer du désir (situation qui, par ailleurs, me convenait parfaitement)

J'ai pû le vérifier souvent pendant cette période. Me considérant plutôt comme une femme attirante, aucun homme ne cherchait pourtant à me séduire. Nombre de mes relations professionnelles et amicales étaient des hommes, mais ils mc voyaient comme leur égale, jamais comme une femme à conquérir. Ce qui avait de bons côtés, comme celui d'établir avec eux des relations sans ambiguïté, mais cela avait fini par faire de moi un être asexué, qui n'avait plus aucun désir et n'en provoquait plus, et considérait même comme bestiale et machiste la pratique du sexe, voire, pire, comme un signe de soumission devenu insupportable. À force d'être en contrôle permanent sur ma personne, l'abandon nécessaire à toute relation amoureuse m'était devenu impossible. Et ce phénomène s'était largement aggravé avec les années.

Et si mes premiers pas dans la sexualité ne m'avaient pas encouragée à aimer l'amour ? Et si la sanction du VIH était venue me souffler à l'oreille que le sexe était l'incarnation du mal ? Il n'est peut-être pas trop tard pour devenir enfin une femme épanouie, celle que la jeune fille pleine d'ardeur que j'étais aurait dû faire éclore. Le chemin sera peut-être un peu long. Je suis forte, je suis libre, et si l'âge ne me rattrape pas trop vite, je parviendrai peut-être un jour à retrouver la trace de ce désir qui me fait tant défaut.

À celui qui m'aime peut-être encore

La famille que nous constituons, mon compagnon, nos enfants et moi, est le plus grand bonheur qu'il m'ait été donné de vivre.

Non pas que nous soyons une famille idéale. Comme vous l'avez compris, je n'ai pas été vraiment douée pour rendre heureux les hommes de ma vie. Et me supporter, au sens propre comme au figuré, n'est pas une mince affaire.

Avec le temps, mon compagnon et moi avons cependant appris à faire cohabiter nos différences.

Lui, dirait plus vraisemblablement qu'il a dû accepter, sans que je ne fasse jamais aucune concession, le mode de vie que je nous ai choisi. Il n'a pas tout à fait tort, même si c'est un peu exagéré !

Dès le départ, il m'a aimée pleinement. Pourtant, il n'était nullement préparé à être confronté à ma maladie. Issu d'une famille aux valeurs traditionnelles, et d'une apparence très bon chic bon genre, il n'avait jamais connu aucun incident de parcours. Mon existence aurait dû lui sembler trop tortueuse pour chercher à s'y associer. Et pourtant, c'est moi qu'il a choisie.

Je me souviens de notre premier « vrai » rendez-vous. Je venais de chez mes parents, en province, où je résidais à la suite de ma récente séparation. Il était à Paris. Nous devions y passer le week-end ensemble. Cette nuit-là, c'était évident, nous allions devenir très proches. J'étais mortifiée par avance à l'idée de subir encore un rejet. La séparation d'avec mon premier mari était en cours, j'étais encore assez éprouvée, je n'étais pas prête à affronter une complète débâcle. J'ai donc décidé de lui révéler ma maladie par téléphone, juste avant de venir, ce qui, généralement, n'est pas la meilleure manière de faire. Mais si cette nouvelle l'avait brusquement éloigné de moi, nous en serions restés là, et je ne me serais pas exposée davantage.

Il faut dire que je cumulais à la fois le fait d'être en instance de divorce (ce qui n'était pas forcément bien vu dans son milieu, et n'a d'ailleurs jamais été révélé depuis à sa famille) et lui annonçais maintenant que j'étais séropositive (ce qui pour lui était complètement hors radar). Contre toute attente, il a répondu, imperturbable, que cela ne changeait rien.

Après ce coup de téléphone, j'ai craint qu'il ne soit pas à la gare, à m'attendre au bout du quai, comme convenu ; qu'il ait repris ses esprits et décidé de m'oublier. Peut-être a-t-il tout de même longuement réfléchi à notre conversation, car il est arrivé très en retard… mais il est arrivé, au moment même où j'étais en train de me décomposer.

Et par une magie que je ne me suis jamais complètement expliqué, en effet, ma situation n'a jamais rien changé à ses yeux. Il m'a aimée dès le premier jour et a cru en moi plus que je n'y croyais moi-même. Il n'a jamais eu peur, n'a jamais eu honte, ne m'a jamais reproché le poids de ce parcours singulier que je lui ai fait suivre.

Par son amour, il m'a d'abord encouragée à progresser professionnellement, à briguer de plus grandes responsabilités, à développer mon potentiel. Grâce à ses conseils et à son soutien sans faille, j'ai enchaîné les promotions, et jamais il ne m'a freinée, quoi qu'il lui en ait coûté.

Grâce à lui, je suis devenue « quelqu'un », j'ai accroché les titres à mon nom. Ce n'est pourtant pas évident, pour un homme, de se faire doubler par sa compagne sur le terrain de la réussite professionnelle. Qui plus est quand on en est l'instigateur !

Puis, je lui ai en quelque sorte échappé. Mais contrairement à ce que j'avais pu vivre lors de ma première union, il n'a jamais refermé la cage ; n'a même pas essayé d'en construire une ! Il m'a tout simplement laissée prendre mon envol, sans jamais tenter de me retenir.

De moi, il a tout supporté, depuis le début ; en particulier ce qu'exigeait ma situation médicale pour parvenir à avoir des enfants, et ça n'était pas rien, ni pour lui ni pour eux ; la carrière que je menais parallèlement et dans laquelle j'avais fini par mettre presque toute mon énergie ; le peu d'affection que je lui rendais ; mon absence de concession. Je mesure tout cela. Il prétend que m'avoir gardée était à ce prix. Je ne suis pas sûre que je le vaille, mais c'est une immense preuve d'amour qu'il m'a donnée.

Il dit souvent en plaisantant : « N'oublie pas que tu me dois tout. » Je lui saurai éternellement gré des immenses progrès qu'il m'a fait faire dans la vie, et du plus beau cadeau que notre union m'a donné : nos deux enfants.

Dans la douleur tu enfanteras

Avoir un enfant était mon rêve. Mon compagnon le savait, et l'envisageait même sereinement, si la possibilité médicale nous en était donnée un jour. En 2000, nous avions la maturité (il avait trente-trois ans et moi vingt-huit) et la situation matérielle requises pour accueillir cet enfant dans les meilleures conditions. Quand, en septembre, le professeur S. m'annonça que mon état de santé me permettait d'envisager la maternité, notre projet d'enfant fut immédiat.

Le 1er août 2001 est donc née notre fille, Marie.

J'aurais aimé l'appeler Victoire, mais cela n'avait de sens que pour moi. Et puis inutile de la charger trop tôt avec mon fardeau ! J'aimais les enfants, être mère fut donc un accomplissement. Durant toutes les années où j'ai pensé ne jamais pouvoir l'être, c'était la plus grande de mes souffrances. Plus que la proximité de la mort.

Et finalement, au bout d'un long parcours, d'une grossesse très surveillée, d'un accouchement par césarienne non choisie – pour les personnes de mon état, le protocole prévoyait à l'époque ce type d'accouchement pour limiter les risques de transmission de la mère à l'enfant –, ma fille était là. Pouvoir faire des enfants était un tel progrès, et une telle joie pour moi, que toutes ces contraintes n'ont eu aucune importance. Alors merci à vous, Dominique (professeur S.) et Anne (gynéco « VIH »), de m'avoir accompagnée dans cette démarche. C'est Dominique S. qui avait pris l'initiative en 2000 de me dire que je pouvais envisager sans risque une maternité. Il était désormais démontré que les femmes dont on contrôlait le VIH, si elles étaient traitées pendant leur grossesse, et suivaient un protocole d'accouchement spécifique, ne transmettaient pas le virus à leur enfant.

Ces connaissances, qui ont désormais plus de dix ans, donnent à la campagne 2010 « Born HIV Free » un côté cynique, bien qu'indispensable. En effet, de nombreux pays, notamment africains, continuent à voir leurs enfants mourir du VIH transmis par leurs mères. Et cela, bien que la médecine puisse l'éviter depuis dix ans, et à faible coût ! Mais traiter une mère le temps de sa grossesse (sachant qu'elle ne le sera pas au-delà, vu ce que représente le coût d'un traitement de longue durée dans ces régions du monde), pour que son enfant, également traité le temps nécessaire, puisse lui survivre, est une chose véritablement diabolique !

En 2000, la maternité VIH demeurait encore très stigmatisée en France, principalement chez les praticiens non spécialisés. La prise en charge s'effectuait donc dans des unités dédiées aux femmes porteuses du virus, dont le nom n'évoquait jamais directement la pathologie qu'on y suivait.

Les salles d'attente étaient remplies de femmes noires plutôt précaires. On se serait cru transposé aux temps de la ségrégation raciale. Vous imaginez le contraste avec mes bagues Chanel et mes tailleurs griffés ! J'avais l'air d'une anomalie. Bien que je ne sois pas tout à fait dans mon élément, je n'éprouvais cependant aucune gêne. J'étais là pour mon futur enfant, et à ce titre j'étais l'égale de ces femmes face à la maladie. Cette photographie a du moins le mérite de traduire la réalité actuelle des femmes victimes du VIH dans le monde : elles sont en majorité issues d'Afrique subsaharienne et il est inutile d'aller bien loin pour s'en apercevoir.

Pour réussir à enfanter, voici le parcours qu'on m'a proposé : tout d'abord, me débrouiller pour être fécondée. En effet, à cette époque, si l'on pouvait commencer à envisager une grossesse avec de grandes chances de succès thérapeutique, il n'était pas nécessaire pour les femmes VIH d'avoir recours à la procréation médicalement assistée (PMA). Sans doute vous demandez-vous comment nous avons fait ? Eh bien, moi aussi, je me le demande encore ! Lorsque j'ai posé la question au médecin qui s'était proposé de me suivre dans cette aventure, elle m'a d'abord annoncé, sans plus de précision, que je n'étais pas éligible à la PMA. Puis, assez embarrassée, elle m'a expliqué qu'il suffisait de recueillir le sperme de mon conjoint dans un préservatif à l'aide d'une seringue et de me l'inséminer. J'ai jugé d'entrée cette pratique complètement inefficace, ne sachant pas que les spermatozoïdes avaient une durée de vie de plusieurs heures hors de leur milieu naturel. Nous avons donc employé la seule méthode que nous connaissions. Mon compagnon a pris le risque d'avoir avec moi une relation non protégée pour concevoir notre enfant.

En réalité, le contrôle du virus dans mon sang par le traitement médicamenteux limitait fortement la possibilité de transmission ; mais c'est un constat qui n'a été établi que récemment. Pour des raisons compréhensibles, communiquer sur cette donnée expérimentale aurait fait courir, à l'époque, le risque d'un relâchement de l'usage du préservatif ; on peut donc dire que j'avais compris entre les lignes du discours médical que le risque de contamination de mon compagnon était très faible, surtout lors d'un rapport sexuel « classique ».

Passée cette étape cruciale, nous avons eu la chance de ne pas avoir à répéter l'expérience trop souvent pour que je parvienne à tomber enceinte. Il convenait alors d'arrêter trois mois les traitements pour permettre au fœtus de se développer sans la charge chimique de la trithérapie, puis au bout de ces trois mois, de reprendre le traitement jusqu'à la naissance de l'enfant, afin de contrôler à nouveau une éventuelle transmission du virus. À la naissance de ma fille, il a fallu la traiter comme une porteuse du VIH. Et puis attendre sa séroconversion. Car en effet, tout bébé né d'une maman VIH est temporairement (si tout va bien) séropositif à la naissance, du fait de la présence des anticorps de sa mère dans son sang ; ce n'est donc qu'après leur élimination que le diagnostic final de séro-négativité peut être prononcé.

J'ai une tendance assez prononcée à oublier ce qui me fait mal, et ce d'autant plus lorsque cela concerne mes enfants… j'en oublierais presque de vous parler des visites hebdomadaires à l'hôpital, puis mensuelles, puis trimestrielles, puis je ne sais plus, et ce jusqu'aux vingt-quatre mois de mon bébé ; des prises de sang qu'on lui a infligées à la tête parce que sa main ne permettait pas de le piquer ; de l'entendre hurler derrière la porte sans qu'on m'ait invitée à être à ses côtés ; de mes pleurs une fois sortie de ces lieux de stigmatisation et d'angoisse ; et de m'être entendue lui demander pardon de lui faire subir tout cela.

Mais pour cet enfant, je crois que j'aurais pu monter l'Everest, s'il l'avait fallu. J'ai donc fait ce parcours du combattant ! Et ce malgré le regard désapprobateur d'une partie du corps médical. « Estimez-vous déjà heureuse qu'on vous ait laissée faire un gamin ! » Ils auraient sans doute préféré qu'on me ligature les trompes au lieu de donner naissance à de potentiels orphelins !

La maternité n'est pas une maladie et pour cette raison, elle est de moins en moins bien prise en charge à l'hôpital ; alors, pour un personnel démuni de moyens, devoir s'occuper de parturientes VIH est presque aberrant : comment peut-on oser mettre au monde des enfants dont on ne sait pas si on pourra les élever jusqu'au bout ? Ce jugement moral, je ne pouvais m'empêcher de le percevoir. Je défie cependant quiconque de savoir, lorsque naît son enfant, s'il sera présent tout au long de ses vingt premières années pour l'élever !

La situation avait pourtant changé comparée à celle des années 1980 et 1990. Nous pouvions désormais nous inscrire dans une certaine durée de vie, et je savais, non par intuition, mais par l'évaluation qu'en faisait le corps médical, que j'avais toutes les chances de voir mes enfants souffler leur vingtième bougie.

Nous étions en 2001, et j'ai répété cette même expérience en 2004 pour mon fils Pierre... En pire, cette fois, du fait en particulier de la baisse continuelle des moyens matériels dans le milieu hospitalier. Cette fois, un accouchement par voie basse m'a été proposé, mais en toute fin de parcours, si bien que je n'avais suivi aucun cours de préparation ; j'ai décidé cependant de tenter l'expérience, pour le bien de mon enfant, pensais-je, mais, hélas, cela s'est transformé en fiasco. La péridurale occasionnant dans ma colonne vertébrale une brèche céphalo-rachidienne, c'est à moitié inconsciente qu'on m'a transférée au bloc pour y effectuer une césarienne en urgence. Un véritable soulagement, car j'avais craint pour la vie de mon enfant (et très secondairement pour la mienne).

Le suivi des couches a été du même acabit. L'infirmière a mis quatre jours à décider un médecin anesthésiste à bien vouloir venir me voir pour des maux de tête insupportables, et c'est à nouveau inconsciente qu'au cinquième jour, j'ai été descendue au bloc pour une intervention de colmatage (*blood patch*) de cette fameuse brèche. Mon compagnon m'a avoué plus tard avoir cru ce jour-là me voir mourir, tandis qu'il était resté seul dans le couloir, notre petit garçon dans les bras.

Pendant toute cette période, j'ai essayé de m'occuper de mon bébé, mais c'est son père qui, très vite, a dû passer ses nuits dans un fauteuil de chambre d'hôpital pour me seconder.

Ce parcours, physiquement et moralement très éprouvant, aggravé par un contexte hospitalier sinistré qui rendait le suivi de la grossesse et du bébé peu humain, m'ont dissuadé d'avoir d'autres enfants, bien que j'en aie ressenti le désir.

Je mesure cependant la chance qui m'a été donnée, et je serai éternellement reconnaissante à la médecine de m'avoir permis de mettre au monde ma fille et mon fils. Des années 1988 à 2000, un tel projet aurait été impensable, ce que je vivais comme une situation mortifère.

De ce parcours singulier et parfois difficile, je garde la plus belle des récompenses, celle de l'Amour avec un grand A. L'amour que je ressens pour mes enfants n'est comparable en intensité à aucun autre.

Mes enfants *sont* l'Amour. Un amour que je vis désormais pleinement, en essayant de leur donner le meilleur de moi-même. Alors, sans retenue, je les aime et les respire chaque jour qu'il m'est donné de passer avec eux.

Bien sûr, ils sont les plus beaux, les plus intelligents, les plus doués dans toutes les activités qu'ils pratiquent ! Si on n'est pas tout cela pour ses parents, pour qui le sera-t-on ? Bien sûr, ils ne savent rien de ma maladie. Bien sûr, un jour il faudra que je leur dise la vérité. Bien sûr, j'ai peur ; j'ai peur de la peur qui pourrait alors les habiter. Bien sûr, aujourd'hui encore, je préférerais pour eux ne pas avoir en moi ce virus si difficile à nommer.

La partie la plus difficile qu'il me reste à jouer à l'avenir, c'est de ne jamais devenir pour eux un fardeau, de quelque manière que ce soit.

Journal d'une grossesse

Le 2 décembre 2000, durant ma première grossesse, j'ai entrepris d'écrire un journal dont voici quelques extraits. Je l'ai dédié à mon enfant, pour le moment où il serait en âge de le lire, et avec, il faut l'avouer, l'appréhension de ne plus être de ce monde ce jour-là. Pour qu'il sache ce qu'il avait vécu, je me devais de laisser une trace.

2/12/00

« J'ai fait le test de grossesse hier, le 1er décembre, journée de lutte contre le sida. (On a quand même le droit de vivre un jour par an, et comme, en plus, je suis une femme, j'ai même droit à deux journées par an ! La journée des Français issus de l'immigration n'existe pas encore. Dommage, j'aurais pu gagner un jour de plus…)

J'aurai vingt-huit ans dans quelques jours, et depuis douze ans, je crois que je me bats pour cela : pouvoir donner la vie. Ma grossesse est pour moi un aboutissement, ce qui ne me plaît pas ; car un enfant devrait être au contraire le début de la plus belle histoire d'amour qui soit ; mais, pendant des années, j'ai tellement cru ce combat perdu d'avance que la victoire du moment est belle et je la savoure. J'ai beaucoup maigri, ces derniers temps. Je pèse un petit cinquante kilos, mais je me sens en forme. Je n'ai rien dit à ton Papa, il ne faut pas qu'il s'inquiète. »

30/01/01

« Hier, nous sommes allés à la première échographie, à l'hôpital Bichat où mon accouchement est prévu. Ça ne s'est pas très bien passé. L'échographiste ne nous a fait aucun commentaire ni montré aucun cliché. Il s'est contenté de nous dire que tout était normal. Les femmes dans ma situation ne méritent certainement pas plus d'égards. En me rhabillant, j'ai pu tout de même, à son insu, regarder sur l'écran la dernière image statique de cet examen, et essayé de t'y apercevoir. Nous ne retournerons plus à Bichat pour les autres examens. »

J'aurais dû me douter que l'accouchement et ses suites seraient du même ordre. Mais je n'y ai alors même pas pensé. Tous les praticiens hospitaliers devraient avoir comme livre de chevet *Le Chœur des femmes* du docteur Martin Winckler. Ils y apprendraient, en dehors de l'intrigue haletante qui s'y déroule, comment doit se dérouler une consultation gynécologique respectueuse de l'intimité de la femme, principes applicables ensuite aux consultations de toute spécialité. Il ne s'agit que de respect, d'écoute et d'humanité. La culture dominante du corps médical reste hélas encore parfois empreinte de tant de mépris à l'égard du patient !

Pierre Desproges, mort du cancer, formula une attaque violente contre cette attitude médicale que Winckler dénonce, avec non moins de véhémence, dans son propre livre. Le texte de Desproges était :

« Je hais les médecins. Les médecins sont debout. Les malades sont couchés. Le médecin debout, du haut de sa superbe, parade tous les jours dans tous les mouroirs à pauvres de l'Assistance publique, poursuivi par le zèle gluant d'un troupeau de sous-médecins serviles qui lui collent au stéthoscope comme un troupeau de mouches à merde sur une blouse diplômée, et le médecin debout glougloute, et fait la roue au pied des lits des pauvres qui sont couchés et qui vont mourir, et le médecin leur jette à la gueule, sans les voir, des mots gréco-latins que les pauvres couchés ne comprennent jamais, et les pauvres couchés n'osent pas demander, pour ne pas déranger le médecin debout qui pue la science et qui cache sa propre peur de la mort en distribuant sans sourciller ses sentences définitives et ses antibiotiques approximatifs comme un pape au balcon dispersant la parole et le sirop de Dieu sur le monde à ses pieds[1]. »

Je dois reconnaître que le suivi hospitalier de mes deux accouchements, tout comme celui du proto-

1. *Vivons heureux en attendant la mort,* Pierre Desproges, Le Seuil, 1991.

cole mis en place pour mes enfants, a été parfois de cette nature. Heureusement, j'ai aussi trouvé dans ces lieux de bonnes mains entre lesquelles me remettre. Celles, notamment, de l'infirmière extraordinaire qui obtint de mon anesthésiste que je sois transférée d'urgence au bloc, et qui est parvenue également à ce que l'on vienne me faire une toilette que personne n'avait jugé utile de me prodiguer depuis quarante-huit heures ; celles de Philippe, pédiatre à l'hôpital Robert-Debré, qui suivait les protocoles de « nouveau-nés de mère VIH » (après, en ce qui nous concerne, une très mauvaise expérience dans un autre lieu), et qui était à la fois d'une exceptionnelle douceur avec les enfants, et d'une grande pédagogie avec les parents ; et bien sûr, celles de Dominique et Benjamin, mon « équipe VIH » qui m'a soutenue et accompagnée sans relâche sur ce chemin.

7/04/01

« Je reprends mon traitement depuis trois semaines, afin d'assurer notre santé à toutes les deux. Oui, nous avons appris très récemment que tu étais une petite fille et nous sommes ravis. De toute façon, nous aurions été ravis quel qu'ait été ton sexe ; mais on ne peut pas s'empêcher de se représenter son futur enfant, et pour ma part, c'est sous les traits d'une fille que je t'imaginais. Ce qui s'est confirmé ! Comme d'habitude, le traitement est très lourd. Je bénéficie d'un nouveau médicament, qui n'a été prescrit pour le moment qu'à une seule femme enceinte, ce qui, naturellement, m'a inquiétée. Les médecins ont apaisé mes craintes ;

je n'ai pas beaucoup d'autres choix que de leur faire confiance. »

Par la suite, nous avons dû changer ce médicament que je ne supportais pas. Il avait pour conséquence désagréable de me plonger dans un état dépressif, qui ne me ressemblait nullement, surtout en cette période de maternité que je savourais.

18/07/01

«*Finalement, tu arriveras le 1er août 2001. La gynécologue avait un créneau de libre ce jour-là. Après, elle sera en vacances. J'espère que tu auras bien profité dans mon ventre, que tu seras forte pour affronter toutes les misères qui t'attendent. À commencer par les traitements pour te prémunir du virus porté par ta Maman. Je suis désolée mon ange de t'infliger tout ça. J'aurais aussi tellement aimé avoir le choix de t'allaiter, comme une mère "normale". Je le sais depuis longtemps que de t'avoir est au prix de ces contraintes, mais plus l'échéance s'approche, plus cela devient pesant et culpabilisant.* »

20/08/01

« *Ça y est, tu es arrivée ! Tu suis un traitement préventif pour limiter le risque de transmission du virus de moi à toi, pendant six semaines. Tu n'aimes pas trop prendre ces médicaments, mais nous suivons scrupuleusement les prises toutes les six heures. Il y a les biberons toutes les quatre heures, les médicaments toutes les six heures. Nous sommes obligés de te réveiller pendant ton sommeil pour te les administrer.* »

Autant vous dire que ma fille n'a pas beaucoup dormi pendant ses premières semaines de vie…

Quelles seront pour mes enfants les conséquences de ces traitements reçus d'abord in utero, puis durant leurs premières semaines de vie ?

Je ne le saurai qu'en les voyant grandir, si la chance ne me tourne pas le dos.

Aujourd'hui, ils sont forts et beaux.

Privés d'identité médicale

Pendant six de mes neuf mois de grossesse, mes enfants ont donc été exposés à la trithérapie via mon propre traitement, et dès leur naissance, ils ont été traités eux-mêmes six semaines d'affilée en bithérapie.

De cet épisode, on ne trouve aucune trace écrite.

Dans le suivi des mères VIH, la règle implicite était, et peut-être demeure-t-elle encore, de ne rien inscrire sur le carnet de santé de leurs enfants ayant un lien avec le virus. Je m'en suis toujours réjouie ! Et si le traitement médical auquel ils ont été astreints avait été inventorié sur ces carnets, j'imagine que j'aurais moi-même retiré ceux-ci de la circulation.

Mais cela signifie aussi que si je ne raconte jamais à mes enfants leur parcours médical – histoire qui leur appartient en propre, puisque leurs corps aussi ont été exposés, et pas uniquement le mien –, ils ne sauront jamais ce qu'ils ont vécu.

Et si nous jugeons aujourd'hui que des enfants

traités dans leur première année de vie contre le VIH n'en ont aucune séquelle, qui nous dit qu'il en sera toujours de même (c'est bien sûr la dernière chose au monde que je souhaite). Il y a hélas de nombreux précédents révélant, à longue échéance, l'effet néfaste de la prise de médicaments non anodins.

Si mes enfants ne savent pas à quelle molécule ils ont été exposés, comment pourraient-ils se protéger ?

En dehors de la confidentialité à laquelle je suis très attachée concernant leur parcours de santé, c'est vis-à-vis de mes enfants une question morale qui se pose. On ne peut les priver du droit de connaître leur histoire, et aussi la nature des traitements qu'ils ont reçus, cette information pouvant se révéler importante pour leur avenir.

Voilà pourquoi j'aurais préféré garder une trace de ce suivi confidenticl, que j'aurais pu conserver toutes ces années.

Finalement, pour mes enfants, j'ai décidé de reconstituer ce dossier pour leur laisser en héritage l'information qui les concerne.

Mais je me demande si l'on retrouve cette même absence d'historique médical infantile dans d'autres types de pathologies. Ou bien s'il s'agit, une fois encore, du sort réservé exclusivement aux patients VIH ?

Le jour où l'on pourra écrire dans un carnet de santé qu'un enfant est né de mère VIH sans que cela constitue une étoile jaune pour la vie, alors nous aurons fait un pas de géant dans l'acceptation de la maladie. Hélas, nous en sommes encore loin.

Maman est morte

Depuis son plus jeune âge notre petit garçon est du genre très agité, ne tenant pas en place, et attirant l'attention sur lui avec excès.

Cela se traduit par un manque de contrôle de lui-même, dès qu'il est en groupe, et des difficultés d'attention et de discipline qui nous sont (trop) régulièrement signalées, tant par ses enseignants que par ses éducateurs sportifs.

Tout petit, il avait déjà beaucoup de mal à trouver le sommeil, et a même éprouvé, un temps, le besoin de s'enfermer dans son placard pour s'endormir, ce qui nous traumatisait, son père et moi.

Avec nous, il est très agréable, et nous sommes fiers de son intelligence, de son à-propos et de son apparente aisance en société, qui masque en réalité un vrai sentiment d'insécurité.

Alors que nous avons toujours fait en sorte de préserver le rythme de nos enfants, et qu'ils ont constitué depuis leur plus jeune âge l'unique centre d'intérêt de notre temps non travaillé, je n'arrivais pas à m'expliquer l'origine de cette insécurité.

Nous n'avons par ailleurs, leur père et moi, aucun antécédent d'agitations perturbatrices durant notre petite enfance. Et quant à notre fille aînée, elle est exemplaire dans tout ce qu'elle fait, partout où elle passe, ce qui tendrait à prouver que nous n'avons pas fondamentalement mal agi dans notre éducation.

Mais c'est un fait : notre fils a un comportement hyperactif, constaté par toutes les structures éducatives… même sur un temps réduit, comme celui d'une semaine de cours à l'école de ski ! « Pierre n'écoute rien, est très agité, il perturbe le groupe ; c'est dommage car il se débrouille bien et a de réelles capacités », voilà ce que nous entendons partout.

Pierre n'est pourtant pas insensible à nos remontrances ni à nos punitions, mais semble ne pas réussir à se dominer complètement, ce qui nous a finalement conduit à le faire suivre par un thérapeute.

Je n'avais jamais pensé que ma situation personnelle puisse avoir un quelconque rapport avec ces perturbations. Mes enfants ne connaissent pas la nature de ma maladie, nous n'en avons jamais fait état devant eux, même par inadvertance. J'ai cependant cru bon d'informer la pédopsychiatre qui suit Pierre que j'avais été récemment en long arrêt maladie et que mon fils avait peut-être eu des craintes à ce sujet, m'empressant de préciser que je n'accordais pas beaucoup de crédit à cette piste, puisque son agitation était bien antérieure à cet événement.

Pourtant, l'autre jour, alors que nous étions en vacances, l'un de ses copains s'est exclamé en me voyant : « Tu vois bien que ta maman n'est pas morte ! » C'est pourtant, semble-t-il, ce qu'il leur avait expliqué, et n'en avait pas démordu. Pétrifiée par cette découverte, je ne lui ai même pas demandé pourquoi il avait dit une chose pareille. Je me suis contentée de sourire, en lui faisant remarquer qu'il avait de bien étranges idées, et l'ai l'embrassé tendrement, comme pour dissiper cette mauvaise pensée.

Est-ce une simple coïncidence ou un signe que je dois prendre en considération ?

En dépit de ma force apparente, aurait-il pu sentir, depuis toujours, ma fragilité, ma souffrance passée, et surtout ma propre peur inconsciente de ne pas le voir grandir ? Aurait-il perçu que je le regarde parfois trop intensément, par peur que ce bonheur ne dure pas ? Que je le respire comme un petit animal pour ne jamais oublier son odeur ? Qu'il incarne cette vie que je croyais ne jamais pouvoir donner ?

Est-ce en partie pour ces raisons qu'il est si vivant, jusqu'à s'en étourdir ?

Quand je lui demande de quoi il a le plus peur dans la vie, sa réponse est invariablement qu'il n'a peur de « rien »... Et quand je lui demande ce qui lui fait le plus plaisir, il ne répond pas « jouer », « avoir des copains », ou encore s'adonner à une passion quelconque ; non, ce qui lui fait le plus plaisir, c'est d'« être avec nous pour toujours ». Un peu comme s'il ne vivait que pour nous... pour moi.

Loin de moi l'idée de tout ramener à ma maladie et, par là, à moi-même, mais depuis six ans que nous essayons de comprendre quelle mouche a bien pu piquer notre petit garçon, cette explication, qui m'avait complètement échappé jusqu'à présent, me paraît, pour la première fois, plutôt sensée.

Je me suis donc résolue à raconter plus en détail mon histoire personnelle face à la maladie au thérapeute qui suit Pierre (aussi, parce que j'en étais enfin capable). Elle m'a alors confié que depuis qu'elle était au courant de ce long arrêt-maladie, elle réfléchissait en effet à un lien avec le comportement de mon fils. Ce que je lui révélais ne faisait que renforcer son hypothèse, liée également à un complexe d'Œdipe qui ne s'était, par définition, pas manifesté chez ma fille.

Comprendre ce lien permettra peut-être à Pierre de s'affranchir de son excès de vitalité, afin qu'il n'investisse plus que sa vie à lui.

Le printemps

Aux premiers rayons de soleil, les jardins reprennent vie, se remettent à grouiller, à résonner de rires d'enfants, à vibrer de tant de vitalité. Courir, sauter, se poursuivre, tomber par terre, rigoler, crier, se cacher : pour eux, tout est simple, tout est vie. L'enfance est une merveille.

Mon arrêt prolongé me permet de redécouvrir aux beaux jours les parcs pour enfants. Une véritable bouffée d'oxygène, d'espoir et de vie. Les mamans et les nounous y sont détendues. Quelques grands-parents complètent le tableau avec d'autres anciens, venus prendre leur dose quotidienne de lumière et d'animation. Le parc est un lieu public où l'on ne ressent aucun stress, aucune tension. Tous les enfants d'un même quartier se retrouvent généralement dans cet endroit qui rapproche les familles, crée du lien entre les parents qui s'y côtoient.

Je remarque soudain que tous les lieux de promenade alentour sont occupés par des chiens promenant mélancoliquement leurs maîtres. Des passants qui se surnomment eux-mêmes Papa ou Maman de leurs toutous, et dont la vie semble rythmée par celle de ces quadrupèdes.

Je n'aime pas les chiens qui promènent leurs maîtres, parce qu'ils occupent souvent la place laissée vide par un mari, une femme, un parent, des enfants, des petits-enfants. Ce sont des substituts affectifs qui nous absolvent, nous femme, mari, parent, enfant ou petit-enfant, de laisser seul le vieux, la vieille, qui marche au bout de cette laisse, et qui ne sait plus parler qu'à son animal de compagnie.

Ce week-end, ma fille voulait que nous allions dans une ménagerie, pour aller y regarder les chiens… des années qu'elle rêve d'en avoir un ! Il y a longtemps, je lui avais pourtant expliqué que ces animaux n'étaient pas heureux en appartement. « Mais nos voisins de palier en ont un ! » s'était-elle exclamée. Je lui avais alors méchamment rétorqué qu'il était tout « rabougri » (en fait, il était juste très vieux), ce qui l'avait temporairement convaincue.

Depuis peu, nous vivons dans une maison, et, en toute logique, la question du chien est revenue à l'ordre du jour. Je sais que pour un jeune enfant la relation à un animal est une relation constructive. Mais j'ai parfois du mal à imaginer qu'on puisse consacrer du temps et de l'énergie à s'occuper d'un chien quand on pourrait tant faire par ailleurs.

Remarquez, personne n'a démontré que les propriétaires de chiens s'investissaient moins dans les causes d'intérêt général que ceux qui n'en possèdent pas. Et puis je peux concevoir le besoin d'une relation affective fidèle, sûre, non versatile. Bref, un genre de relation que nous retrouvons si rarement entre êtres humains, et qui procure tant de réconfort.

Puis, récemment, j'ai compris que je refusais le « principe » d'avoir un chien parce qu'il me ramenait tout bonnement à un mauvais souvenir : mon premier mari m'en avait offert un. Cette pauvre bête était censée me faire oublier que jamais aucun enfant ne me traînerait par la main. Il s'appelait Roby, et après notre séparation, je l'avais laissé, lui aussi, derrière moi. Pourtant, chaque fois que je retournais voir mes parents, il réapparaissait. Dès qu'il me flairait dans les parages, il s'enfuyait de chez mon ex-mari pour venir me rendre visite. Quelqu'un de mon entourage devait alors le ramener à son maître, ce qui me mettait affreusement mal à l'aise. C'est extraordinaire, la fidélité d'un chien !

Aujourd'hui, c'est le printemps, et c'est avec mes deux enfants que j'ai pu me promener main dans la main. Il fait bon, le parc m'offre un moment de douceur extraordinaire. De ces moments qui donnent confiance en l'avenir et vous font oublier toutes les mauvaises passes de l'existence. Peut-être finirai-je même par céder pour le chien !

Toile d'araignée

Le plus critiquable dans la maladie, c'est le pouvoir qu'elle permet d'exercer sur son entourage.

Tout est excusable à celui qui est malade, et la tentation est grande d'en jouer.

J'ai l'amère conscience que mon pouvoir d'influence sur mes proches est en grande partie lié à ma maladie, et le plus remarquable, c'est que cela vaut aussi avec les personnes qui n'en connaissent pas l'existence.

Depuis l'âge de quinze ans, je mène ma vie sans compromis ni concession, de façon complètement autonome. J'ai acquis grâce à mon éducation, et, plus tard, grâce à mon parcours professionnel, une grande confiance en moi, qui ne me rend jamais rien d'impossible à envisager.

Le revers de la médaille, c'est une foi en ma propre destinée qui m'aveugle et m'empêche parfois de considérer celle de mes proches.

Mes parents se sont mis au service de ma réussite ; je ne crois pas qu'ils s'en plaignent, car c'est finalement là le meilleur rôle des parents. Mais dans quelle mesure n'ai-je pas profité de leur culpabilité face à ma maladie ? Qu'a-t-il été réservé à mon jeune frère au regard de l'attention que j'ai captée depuis ces vingt-deux années ? Qu'ai-je fait pour changer cela ? Rien… parce que, bien sûr, jamais rien n'a été explicite, jamais nous n'avons mis de mots sur cette situation ; jamais nous n'avons été capables d'en parler.

Le plus douloureux reste mon rapport aux hommes. Je n'ai su me faire aimer que par deux d'entre eux, n'ayant eu que deux relations depuis l'annonce de ma séropositivité, celle avec mon premier mari, puis celle avec mon conjoint actuel, père de mes enfants. Deux hommes depuis l'âge de quinze ans, c'est assez rare de nos jours, en dehors des personnes ayant de fortes convictions religieuses. Ma religion à moi, c'était le VIH. Et si ma sagesse n'est certes pas très surprenante compte tenu de ma pathologie, elle témoigne avant tout d'une profonde incapacité à me laisser approcher. Et ce, avant même de rentrer dans la problématique de ma sexualité, forcément déglinguée.

Par ailleurs, je suis persuadée que ceux qui m'ont aimée n'ont pas été heureux avec moi. J'ai le sentiment de les avoir enfermés dans mon fonctionnement, comme pris au piège d'une toile d'araignée, sans qu'ils aient pu fuir. Ils sont restés accrochés à mon mal, et c'est eux que j'ai fini par rendre malades. J'ai quitté mon premier mari, lui qui m'avait choisie contre vents et marées, quittant femme et enfants au nom de notre amour ; je l'ai abandonné sur le bord de la route, sans me retourner, en partant à la conquête d'une nouvelle aventure. Rompre, en soi, n'a rien de spécifique aux malades, mais je suis convaincue que la brutalité et la soudaineté de cette rupture m'ont été dictées par cette impérieuse nécessité d'aller au-devant de mon histoire, quelles qu'en soient les conséquences. Ce droit de ne pas y mettre les formes, de ne pas m'expliquer, je me le suis moralement arrogé au prétexte de la maladie qui pouvait tout excuser. Avec le recul, c'était terriblement ingrat, même si l'issue était inévitable.

Quant au deuxième homme de ma vie, je crois l'avoir parfois malmené, mais il me reste fidèle et droit, me soutenant en tout, jusqu'au bout, quoi qu'il lui en coûte. Il m'arrive de penser que c'est peut-être lui, un jour, qui me tournera le dos, à l'occasion d'une rencontre qui lui procurera cette affection que je peine à lui donner.

Enfin, je n'ai pas non plus épargné mes enfants en tissant ma toile. Jusqu'à ce que je change radicalement de comportement sous l'effet de l'épuisement, et décide de me consacrer entièrement à eux, j'étais une maman aimante et très précautionneuse, mais peu présente, du fait d'un investissement professionnel non négociable. Je les déposais à 8 h 20 le matin entre les bras de leur nounou, puis à l'école quand ils en ont eu l'âge, et je les retrouvais à 20 h 30 pour le rituel du coucher. Sauf en cas de déplacement professionnel, sauf en cas d'obligation de représentation dans tel dîner ou telle célébration, ce qui n'était pas rare non plus. J'avais pleinement conscience que mon peu de disponibilité quotidienne, bien que compensée au mieux pendant les week-ends et les vacances, forçait mes enfants à exister sans moi.

Ce n'était peut-être pas un schéma innocent.

La journée de la Femme

En ce 8 mars, nous célébrons les femmes.

Leur dédier une journée par an fut, certes, une belle victoire, en son temps. Mais au XXIe siècle, n'est-ce pas un peu désuet, voire complètement suranné ? Si seulement les femmes pouvaient se satisfaire d'une seule journée par an ! Quelle paix on aurait ! doivent penser d'épouvantables phallocrates. Chaque année, on entretient donc en fanfare ce rituel obsolète. Mais ça ne marche pas, chers messieurs ! La journée de la Femme, c'est tous les jours !

Depuis une vingtaine d'années, dans nos régions développées, les femmes ont fait une percée extraordinaire. Que ce soit dans l'accès aux grandes études, ou dans le monde professionnel où elles briguent des fonctions autrefois dévolues exclusivement aux hommes, ou encore dans leur rapport à leurs conjoints dont elles ne font plus dépendre leurs choix de vie, les femmes se sont affranchies. Parce qu'elles sont devenues des personnes autonomes, avant d'être des femmes, elles ont bouleversé les équilibres de la cellule familiale et de la vie sociale.

Loués soient nos pères de nous avoir préparées, peut être involontairement, à cette mutation. Et rendons grâces à nos démocraties de nous donner dans leurs fondements les mêmes droits et libertés que les hommes.

Il est vrai que de nombreuses inégalités persistent, du point de vue de l'accès aux postes de direction, de l'échelle des salaires, de la prise en charge des tâches domestiques, ou, plus inacceptable encore, de la violence faite aux femmes.

Dans le VIH, ces différences se traduisent par une vulnérabilité beaucoup plus importante des femmes face à la maladie. Tout d'abord, s'agissant de relations hétérosexuelles, la femme est naturellement plus sensible à la contamination que l'homme ; autrement dit, une femme séropositive a moins de risque de contaminer un homme que le contraire. Simple question d'anatomie du rapport sexuel, la femme est un réceptacle. Ensuite, il n'existe pas d'équivalent féminin à la polygamie, phénomène également très répandu dans notre monde occidental, même s'il n'en porte pas le nom ! Combien de femmes contaminées par un conjoint infidèle qui ne les aura pas protégées de ses pratiques à risque pour éviter de les lui avouer ? Enfin, quelle est la représentation des femmes séropositives dans la lutte contre la maladie ? Presque nulle, car elles vivent avant tout secrètement et honteusement leur maladie, un peu comme les victimes de viols qui finissent par considérer qu'elles portent la responsabilité de ce qu'elles ont subi.

J'ai lu, ainsi, dans un forum d'Act up publié en 2010 sous le titre *Les Politiques de santé pour les femmes*, les informations suivantes :

La première synthèse de travaux en sciences sociales et santé publique consacrée aux femmes fut publiée seulement en 2008 (je ne me trompe pas de décennie) dans le numéro spécial de *Médecine Sciences*, « Les femmes et le sida en France, Enjeux sociaux et de santé publique », à l'initiative de l'agence nationale de recherche sur le sida (ANRS).

Les spécificités de l'infection par le VIH chez les femmes sont également liées à des manifestations cliniques et physiologiques particulières : trop longtemps, la recherche s'est occupée de la transmission de la mère à l'enfant et très peu de la femme en tant qu'individu. Ce n'est qu'en 2002 que, pour la première et unique fois, un chapitre a été consacré aux spécificités de la prise en charge des femmes séropositives dans le rapport Delfraissy. L'Agence américaine du médicament (la FDA) n'exige que depuis 2009 que chaque nouvelle molécule soit testée de façon spécifique chez les femmes, avant sa mise sur le marché.

Si la prise en compte de cette vulnérabilité particulière des femmes face à la maladie a été intégrée récemment dans les programmes internationaux, elle ne l'est pas encore tout à fait en France. En effet, le bilan du Plan de lutte contre le sida et la direction générale de la santé (DGS) ne traitent cette question que de manière transversale, à travers l'axe spécifique des migrants et des populations des départements français d'Amérique (DFA).

L'expérience la plus troublante de l'effacement des femmes dans les enjeux du VIH est celle qu'il m'a été donné d'observer pendant mes deux suivis de grossesse : je n'ai ainsi rencontré que des femmes « migrantes » dans les couloirs des salles d'attente, le plus souvent d'origine subsaharienne. Il est pourtant peu vraisemblable que je sois la seule femme séropositive non migrante de France. Où se cachent les femmes séropositives occidentales ? Très certainement dans la clandestinité, loin du regard des autres, et de toute forme de projet de vie.

Pour elles je veux aussi écrire, pour leur dire qu'elles ont lc droit de parler, de vivre, de travailler, et même de faire des enfants.

Mes enfants ont été mes meilleurs « coachs »

J'ai mené ma carrière en même temps que j'ai élevé mes enfants. Le planning de mes grossesses m'a été dicté avant tout par des contraintes personnelles. Quand j'ai appris en 2000 que je pouvais envisager la maternité, j'ai décidé, en accord avec mon compagnon, de ne pas perdre de temps pour concrétiser ce projet. Plus je faisais mes enfants tôt, plus mes chances de les voir grandir et d'accomplir mon devoir de mère seraient élevées. Il était naturellement hors de question d'hypothéquer ces chances au nom de mon ambition professionnelle. Cela pesait trop peu dans la balance.

Pour autant, je n'ai pas renoncé à faire carrière, et cela m'a plutôt réussi.

Alors que le débat sur la parité homme-femme fait rage dans les organes de direction des entreprises, égalité que j'appelle bien sûr de mes vœux, je lis souvent la proposition suivante pour permettre aux femmes d'accéder à des postes de direction : il faudrait leur permettre d'être détectées en tant que hauts potentiels après quarante ans, car leurs accidents de parcours (entendez par là leurs maternités...) les font arriver plus tardivement au bon niveau de compétence.

Je suis très étonnée. Selon moi, les femmes restent compétentes et conservent leur haut potentiel même en ayant des enfants ! Une maternité représente une absence de seize semaines du bureau, soit à peine quatre mois. À l'échelle de la vie professionnelle (je rappelle, quarante et un ans et demi, c'est-à-dire cinq cents mois) et même si cette absence se répète en moyenne deux fois en l'espace de quelques années, cela ne pèse rien dans un cursus (plus précisément 0,8 % du temps théorique travaillé, par enfant). Or, on a l'impression qu'une mère de famille se met en retrait du monde professionnel pendant des années ! C'est une parfaite contre-vérité. Certaines femmes peuvent faire le choix personnel de rester auprès de leurs enfants, tout comme certains hommes, mais ce n'est nullement une constante. Nombreuses sont celles, au contraire, qui n'ont d'ailleurs pas d'autre choix que de continuer à travailler, parce qu'elles y sont contraintes pour des raisons financières ! Mon expérience personnelle m'amène à constater qu'être mère m'a rendue beaucoup plus performante au travail et a donc contribué à me faire progresser plus rapidement. Cela m'a même énormément aidée.

En effet, la disponibilité nécessaire à l'équilibre

familial entraîne une exigence de rentabilité et de performance du temps de travail très élevée. À titre personnel, ma famille m'a appris à ne plus me disperser, à gérer les priorités, à prendre des décisions rapides. Quant au temps de réflexion nécessaire à ceux qui occupent des fonctions de direction, il a l'avantage de pouvoir s'effectuer, souvent plus facilement, d'ailleurs, en dehors de la présence effective au bureau. On peut réfléchir et travailler sereinement de partout et à toute heure. Mes soirées et mes fins de week-end ont longtemps été rythmées par mes devoirs professionnels, mais cela m'a toujours paru la juste contrepartie d'une carrière et d'une vie de famille menées de front.

Enfin, c'est parce que mon compagnon a choisi d'avoir un investissement égal au mien dans notre vie de famille que ma propre progression professionnelle a été rendue possible. En réalité, cela me semble être le facteur le plus déterminant pour que les femmes puissent avoir les mêmes chances que les hommes dans le monde du travail. L'évolution des mentalités masculines face à la conception de la vie de famille est la clef de voûte qui permettra aux femmes d'accéder enfin à une position plus égalitaire dans le monde de l'entreprise. Mon compagnon et moi avons partagé de manière équitable nos obligations communes (et perçues comme telles par lui dès le départ), et nous avons pu continuer chacun notre carrière professionnelle. Souvent le soir, nous nous retrouvions d'ailleurs assis côte à côte devant nos ordinateurs pour travailler ; il nous arrivait de nous conseiller l'un l'autre. Le tout dans une certaine bonne humeur, du moins avant que je ne devienne trop excessive en tout !

Mes enfants, après mon compagnon, ont donc été d'excellents coachs durant ma vie professionnelle ; ils ont renforcé ma personnalité à tous les niveaux.

Ils sont, définitivement, la plus belle chose qui me soit arrivée.

VIH et vi(h)e professionnelle

Mais finalement, si être séropositif c'est avoir le même potentiel que les autres, pourquoi en parler ? Cela n'engage que la vie privée, après tout.

Bien sûr, chacun a le droit de garder le silence. Moi-même, je m'en suis très bien accommodée pendant des années et cela ne m'a pas desservie.

Mais il y a toute une dimension humaine que la parole – et pourquoi pas la mienne ? – peut seule faire parvenir à comprendre ce que vivent les personnes séropositives.

Le monde du travail est celui où nous passons la majeure partie de notre temps éveillé, et où nous créons du lien. Il est agréable de pouvoir échanger sur son état général avec ses collègues, car cela apporte du soutien et de la compréhension dans certaines épreuves de vie.

Les personnes qui vivent un drame familial (divorce, décès, etc.), sont ainsi souvent enclines à se confier dans leur environnement professionnel, parce qu'elles y reçoivent des marques de solidarité qui les aident. De la même manière que les personnes qui traversent de graves maladies au caractère avouable, comme le cancer ou le diabète, ont la possibilité d'en parler, même si ça n'est pas facile.

Qu'une personne porteuse du VIH puisse exprimer, sans que cela change sa situation dans l'entreprise, qu'elle est fatiguée ces jours-ci parce qu'elle ne supporte pas bien sa dernière ligne thérapeutique, qu'elle va à son rendez-vous à l'hôpital et se sent un peu anxieuse, qu'elle doit prendre quelques jours de congés pour se reposer et revenir requinquée… Tous ces petits faits quotidiens sont tellement plus faciles à vivre quand on est soutenu par son entourage.

Et puis un autre élément fondamental à prendre en compte avec le VIH, c'est que 63 pays, territoires et zones géographiques réglementent le séjour des personnes porteuses du virus, parmi lesquels 13 pays interdisent l'entrée sur le territoire aux personnes séropositives, et 29 (dont ces 13) expulsent les étrangers dont la sérologie VIH est décelée pendant leur séjour. Sur la liste de ces pays interdisant l'entrée ou procédant à l'expulsion des séropositifs, figuraient encore en 2009 les deux premières puissances mondiales, les États-Unis et la Chine, qui ont (sous l'impulsion d'Obama, pour les États-Unis) levé ces restrictions seulement en 2010.

On y trouve toujours la Russie, l'Inde, l'Égypte, la Hongrie, Singapour, pour ne citer que ces pays.

Au-delà du caractère extrêmement choquant de lois qui maintiennent une telle discrimination, les déplacements professionnels des porteurs du virus dans l'ensemble de ces pays sont impossibles, si tant est que ces personnes aient le courage de déclarer leur maladie. Et à défaut, ils se retrouvent *de facto* en situation irrégulière.

Pour ma part, je n'ai jamais respecté ces restrictions et, travaillant dans le secteur du tourisme, je me suis beaucoup déplacée à l'étranger à titre professionnel, y compris dans certains des pays où j'étais « interdite de séjour ». Mais comment aurais-je vécu une expulsion si elle s'était produite ? Quelles en auraient été les conséquences professionnelles pour moi-même et pour mon entreprise, compte tenu des relations que j'entretenais avec certaines instances de ces pays ? Cela aurait pu virer sérieusement au fiasco, et être atrocement pénible de devoir révéler ma pathologie à mon entourage professionnel à l'occasion d'un tel drame.

Voilà quelques-unes des raisons pour lesquelles il est encore si difficile de faire connaître sa séropositivité dans un grand nombre de secteurs professionnels. Et, plus de vingt-cinq ans après l'apparition de cette maladie, l'absence de sensibilité du monde professionnel à ces formes de discrimination en dit long sur le niveau d'acceptation sociale du VIH.

La consultation du soir

Titre d'un ouvrage très poignant du réputé et engagé professeur Kazatchkine, c'est à cette fameuse « consultation du soir[1] » que j'ai démarré ma trithérapie, il y a douze ans. Cette consultation venait d'être mise en place à l'hôpital Cochin, pour nous séropositifs, pour que nous puissions continuer à vivre « normalement », autrement dit cachés d'une société qui n'assumait toujours qu'à moitié notre pathologie. Bien que situé à l'hôpital, l'accueil de cette consultation particulière était assuré par les membres bénévoles de l'association Aides, qui s'occupaient également de certaines tâches administratives. Ce dispositif nous permettait de venir consulter en dehors des horaires de bureau, dans un créneau décalé, des médecins spécialisés, eux aussi volontaires. Cela nous permettait surtout de ne pas avoir

---

1. *La Consultation du soir*, Michel Kazatchkine, Gallimard, 2005.

à nous absenter de nos lieux de travail en plein milieu de la journée, ce qui finit toujours par poser problème, surtout lorsque vos patrons ne sont pas au courant de votre état de santé. Dans la foulée, nous avions accès à la pharmacie de garde de l'hôpital et à son personnel, et même s'il fallait parfois les courser, nous repartions toujours, jusqu'à tard le soir, avec notre délivrance de médicaments en main.

À cette consultation régnait une ambiance bon enfant. Malheureusement, je m'y faisais, comme toujours, très discrète et n'y ai noué aucun lien. À l'époque, je n'avais aucun désir de me rapprocher d'autres patients VIH. Décidément, je ne cesse d'être à contretemps de l'actualité de ma maladie car, finalement, c'est aujourd'hui que la consultation du soir me manque le plus. Elle a en effet disparu il y a déjà plus de six ans. Peu à peu, les trithérapies faisant leur effet, le suivi des patients s'est espacé, la fréquentation a diminué, les urgences aussi, et les bénévoles ont pu, peu à peu, rentrer chez eux.

Mais aujourd'hui, ce lieu de convivialité me manque. C'est maintenant que j'aimerais pouvoir partager mon expérience avec d'autres patients. Certes, il existe des espaces de parole organisés, que ce soit par des associations ou des équipes médicales. Mais le fait que ces rencontres soient, précisément, « organisées » n'a rien à voir avec ces échanges amicaux, libres, informels, au gré du hasard, que favorisait cette consultation. Par ailleurs, ces dernières années, aller à mes rendez-vous en journée ne m'a posé aucune difficulté. Mon statut professionnel fait que personne ne me demande plus de comptes sur mon agenda. Mais tout le monde ne peut pas en dire autant ! Qu'en est-il des autres patients ? Sont-ils tous obligés d'avouer à leur employeur leur pathologie pour pouvoir se faire suivre ? J'en doute fortement.

L'arrivée des trithérapies, en sauvant nos vies, nous a convertis peu à peu en malades chroniques. Mais cette forme de banalisation du VIH n'a pas que des avantages. Combien sommes-nous encore à n'avoir pas intégré la maladie dans notre vie sociale ? Combien d'entre nous n'avons toujours pas retrouvé une sexualité équilibrée ? Combien d'entre nous avons toujours du mal à accepter qu'en fin de compte nous n'allons pas mourir si vite ? Combien sommes-nous à redouter, malgré cela, de ne pas voir grandir nos enfants ?

On ne guérit pas du VIH. Et personne ne peut nous dire comment vieillir avec cette maladie. Personne ne peut encore témoigner à ce sujet, et pour cause, puisque ce n'est encore jamais arrivé !

Pour toutes ces raisons, j'aimerais bien revenir à la consultation du soir.

La classe business

Nous avons décidé de profiter de ma mise au repos pour nous mettre au vert… au vert doré. Direction la Martinique pour dix jours. Avoir grimpé l'échelle de l'intégration sociale a certains avantages, qui frisent parfois l'indécence.

Les enfants connaissent par cœur les salons des classes affaires. Une fois dans l'avion, Pierre a régulièrement peur que la télévision individuelle rangée dans les accoudoirs ait été supprimée, mais en un coup d'œil éclairé, du haut de ses cinq ans, il vérifie avant de s'asseoir que sa bien-aimée est toujours là. Quant à ma fille, elle m'a demandé ce matin ce que voulait dire « classe économique ». Effarant, non ? Néanmoins, j'ai l'espoir que la quête de mes enfants ne se limitera pas à la réussite matérielle, dont les plaisirs n'auront déjà plus rien d'exceptionnel pour eux.

J'aimerais que mes enfants deviennent des gens

« bien », de bons humains capables de s'engager dans la construction d'un monde meilleur, conscients des grands enjeux de l'humanité, et pas bêtement avides d'une satisfaction strictement personnelle. Peut-être vais-je même réussir à leur donner dans les années à venir un exemple, bien que tardif, de mon engagement social ? Si mon combat contre le caractère stigmatisant du VIH pouvait les vacciner contre toute forme d'intolérance, j'aurais déjà gagné une bataille importante.

Bon, là Pierre attaque son deuxième film en position couchette dans un fauteuil de luxe qui contiendrait facilement trois petits bonshommes comme lui. Marie se lance dans les jeux vidéo proposés par le programme multimédia. Il va y avoir du boulot pour élever leur esprit !

Je me consacre en attendant à ma nouvelle addiction, l'écriture. Je m'étais pourtant promis de m'appliquer à sentir le temps qui passe, sans chercher à le remplir. Je crois que la rééducation sera longue.

Le sida en 2010

Ouh là là, nous sommes le 26 mars et le Sidaction vient de me tomber dessus. Je n'avais pas du tout anticipé cette affaire ! Alors, comme je suis en plein dedans, et disponible, je cherche les émissions, je m'intéresse ; pour la première fois, je veux être à la hauteur. Habituellement, je fuyais, je me bouchais les oreilles. Mais cette année, je suis bien là, et je me dis que cela va être une formidable occasion de me remettre dans le coup… si je puis dire. Mais là, terrible déception. Le Sidaction dans nos médias, il faut le chercher pour le trouver, et quand on le trouve, c'est bien décevant, pour ne pas dire affligeant.

Ce n'est pas la qualité des intervenants qui est en cause, mais la manière dont le sujet est traité.

Tout d'abord, formidable déclaration ce matin d'un journaliste de France Inter. J'entends : « Le sida est en voie d'être éradiqué. »

Vivons-nous dans le même monde ? Ou bien ai-je

été tellement en dehors du coup que je ne me suis rendu compte de rien ? Alors, mes symptômes et mes traitements, du flan ? Et l'Afrique ? Définitivement sortie de cette pandémie qui la dévastait ces dernières années ? Je me rue sur Internet sur le site de l'Onusida, et là je lis les chiffres du rapport 2009 (données de 2008 donc) : 35 millions de séropositifs, 2 millions de morts sur l'année (30 millions depuis le début de l'épidémie). Hélas, la réalité est autrement plus sombre.

Je comprends que ce journaliste a voulu faire référence à une toute nouvelle donnée, effectivement très optimiste : les traitements antirétroviraux prescrits au tout début de la contamination permettraient d'enrayer le développement du virus jusqu'au point où le porteur ne serait plus contaminant.

Mais aujourd'hui, sur les 33,3[1] millions de séropositifs dans le monde, la plupart s'ignorent. Nous comptons donc toujours en gros, à l'échelle du monde, 33,3 millions de personnes contagieuses. En France, il y aurait environ 50 000[2] porteurs dont la sérologie n'a pas été diagnostiquée ! 50 000 personnes ignorant qu'elles sont infectées ! La progression du sida à l'échelle mondiale est toujours implacable bien qu'enfin ralentie (2,6 millions de contaminés en 2009 contre 3,1 millions en 1999) ; mais devant de tels chiffres, auxquels s'ajoutent les

1. Rapport Onusida sur l'épidémie mondiale de sida, 2010 (données de 2009).

2. Institut de veille sanitaire, *Bulletin épidémiologique hebdomadaire*, 30 novembre 2010.

1,8 million de décès sur la seule année 2009, et compte tenu de l'enjeu de la mobilisation contre cette maladie, alors que la croissance des investissements destinés à lutter contre l'épidémie a ralenti pour la première fois cette année, il me paraît pour le moins déplacé de parler d'un virus « en voie d'éradication ».

Depuis l'apparition du sida, les rapports de notre société avec cette maladie ont été ambigus, certainement parce qu'elle relève de l'intimité et, pour cette raison, nous dérange. Aujourd'hui, pour une infime poignée de séropositifs qui pourraient ne plus être contaminants, nous déclarons que nous sommes en voie d'éradiquer le VIH ! Mais cette annonce ne donne aucun espoir ! Elle semble induire qu'on va pouvoir en finir vite et bien, alors que développer le dépistage et l'accès de tous aux traitements reste une tâche immense.

Plus révoltant encore, cette année, pour rappeler à nos concitoyens l'existence du virus du sida, nous avons eu le droit à un reportage télévisé sur des toxicomanes dans un pays de l'Est, signifiant implicitement que seuls des naufragés de la vie, dans des pays frappés par de grandes inégalités sociales, sont les victimes résiduelles et finalement quasi consentantes de cette épidémie !

Nous aussi, les invisibles, menant une vie parfaitement normale en apparence, nous souhaiterions en finir vite et bien avec ce virus !

Et plus encore les enfants d'Afrique, où l'espérance de vie a reculé de vingt ans, pour s'établir en moyenne à quarante-cinq ans. Il suffit d'aller sur *Wikipédia*, pour y lire que « la majorité des pays ayant les indices d'espérance de vie les plus faibles (Swaziland, Botswana, Lesotho, Zimbabwe, Zambie, Mozambique, Malawi, Afrique du Sud, République centrafricaine, Namibie, Guinée-Bissau) souffrent d'un taux très important de contamination par le VIH (10 à 38,8 % des adultes). »

Les progrès réalisés sont fragiles au regard de l'ampleur de l'épidémie. La lutte contre cette maladie doit rester une priorité. Et il est vrai qu'en France, le traitement médiatique du sujet me semble très en deçà de son enjeu ; la lutte contre le VIH/sida est pourtant un des huit Objectifs du millénaire pour le développement (OMD), lesquels sont tous interdépendants ; peut-être est-il alors utile de rappeler que les Objectifs du millénaire pour le développement sont les résultats que vise la communauté internationale afin, d'ici 2015, de réduire de moitié la pauvreté dans le monde et d'améliorer la situation des plus démunis.

Révélation

Il y a dix jours, en me rendant à la pharmacie de l'hôpital Cochin, j'ai demandé à en voir la responsable, une femme très à la pointe des traitements antirétroviraux. Sa curiosité concernant la façon dont je supportais, ou non, mon traitement m'a longtemps agacée. Quelle idée ! Bien sûr que j'étais en pleine forme ! Jamais mal, moi, madame, et puis, ne me parlez pas de ça ; je vous l'ai dit cent fois, je n'ai Rien.

Pour la première fois, parce que j'en avais enfin besoin, j'ai accepté qu'elle prenne le temps de m'expliquer les composants des pilules que j'étais en train d'avaler, leurs effets secondaires connus, et les précautions de vie quotidienne que je devais prendre. Elle allait aussi m'aider à comprendre en quoi ce nouveau traitement pourrait me sortir de ma léthargie, et en quoi le précédent m'y avait conduite.

Il est vrai que mon changement de traitement s'était fait dans des circonstances typiques de ce que vivent nombre de patients dans le contexte hospitalier, et ce quelle que soit leur pathologie. À la différence près que, fréquentant ce milieu depuis vingt-deux ans, j'y suis habituée et plus rien de tout cela ne me surprend (bien qu'il arrive encore que cela me désole). Je sortais donc d'une consultation de médecine interne, qui avait pour but de finaliser des investigations médicales autres que celles strictement liées au VIH. Dans le couloir, je croise le professeur S., que je ne consulte plus depuis plusieurs années, mais que je garde plaisir à saluer – son souvenir étant toujours attaché à la possibilité qui m'a été offerte d'avoir des enfants. Le principal défaut de cette femme est d'arriver toujours très en retard à ses consultations, et vu le peu de temps que je pouvais consacrer jusque là à ma pathologie, je ne la croisais donc plus qu'occasionnellement.

Toutefois, elle était au courant des mes difficultés du moment, et m'a annoncé, à brûle-pourpoint, qu'il avait été décidé, lors du conseil médical hebdomadaire, de me faire profiter d'un protocole complètement nouveau. Cette ligne thérapeutique inédite devait être mise en place sans attendre, avait-elle ajouté, avant de m'annoncer qu'elle l'avait déjà mentionné sur mon dossier. Ce dossier, c'était justement le médecin que je venais de consulter qui l'avait entre les mains, un praticien qui habituellement ne suivait pas les patients VIH. « Eh bien dans ce cas, vous n'avez qu'à faire l'ordonnance ! » lui a-t-elle signifié instamment, avant de tourner les talons.

J'ai donc attendu dans le couloir ma nouvelle prescription, que j'ai reçue sans savoir de quoi il retournait... puisque personne n'avait pris le temps de me l'expliquer !

Néanmoins (je l'ai appris un peu plus tard), les médecins avaient enfin réussi à mettre un diagnostic sur ma grande fatigue : toxicité mitochondriale provoquée par une des classes de médicaments que je prenais depuis longtemps, et qui faisait toujours partie du treizième protocole thérapeutique que je suivais alors. Les « mitochondries » étant l'usine à énergie de notre corps, la toxicité exercée par le traitement à leur encontre expliquait l'épuisement total dans lequel je me trouvais. Ce diagnostic justifiait, donc, un nouveau changement de ligne thérapeutique, la quatorzième du nom, grâce à la mise sur le marché, quelques mois plus tôt, de toutes dernières molécules censées avoir moins d'effets secondaires, tout en restant parfaitement efficaces.

Parce que j'avais décidé de prendre le temps de parler de tout cela avec la pharmacienne, qui avait, elle, eu l'amabilité de me préciser en quoi consistait cette quatorzième ligne thérapeutique, nous nous sommes mises à discuter de mon état de grande fatigue et avons fait le tour de mes douze dernières années de trithérapie, consciencieusement inventoriées sur son fichier informatique. Au fur et à mesure de sa lecture, je lisais dans ses yeux l'étendue de la charge chimique que j'avais ingurgitée, et qui suffisait à expliquer, à elle seule, l'épuisement actuel de mon organisme.

Puis, je lui ai raconté mes dix années d'avant la trithérapie, mon refus du traitement en monothérapie en 1990 et mon retrait pendant plusieurs années du circuit hospitalier. C'est alors qu'elle a émis l'hypothèse que je puisse précisément devoir ma longévité à ce refus thérapeutique durant les premiers temps de ma pathologie. Quelle révélation !

En effet, il est avéré aujourd'hui que traiter les patients asymptomatiques en monothérapie AZT avait pu contribuer au développement précoce des résistances du VIH, compromettant par la suite l'efficacité sur ces patients des premières trithérapies[1].

N'y voyez aucune critique de ma part vis-à-vis du protocole médical de l'époque. Nul ne pouvait alors prédire un tel phénomène, et l'AZT était la seule molécule connue ayant une forme d'efficacité contre le VIH. Ce constat avait conduit l'équipe du CHU dont je dépendais à étendre l'administration de ce traitement à la plus grande majorité de ses patients. Les médecins n'avaient de toute façon pas d'autre choix. Ils ne faisaient qu'essayer de nous sauver avec les moyens du bord.

De mon côté, c'est de façon purement impulsive que j'avais refusé de me faire traiter par ce médicament. Sans le moindre appui scientifique pour étayer

1. « Les traitements anti-rétroviraux : progrès et limites. », Jean-François Delfraissy, *Transcriptases*, n° 100, avril-mai 2002.

mon choix. Mais la vie est parfois faite de ces décisions irrationnelles qui peuvent pourtant nous donner raison au bout du compte ; de temps en temps, l'intuition voit juste ; et l'insoumission peut sauver.

Ce sera long

J'ai repris mon activité sportive après ces longs mois végétatifs, et suis ravie de pouvoir à nouveau être au rendez-vous du footing dominical en famille, les enfants nous accompagnant à vélo.

Me sentant en forme ce dimanche, nous avons rallongé un peu le parcours, ce qui a fait râler ma fille. Son père lui a rappelé que, des années en arrière, nous faisions ce grand tour avec elle dans une poussette trois roues (spécialement conçue pour les parents joggeurs), en ajoutant qu'à cette époque, je n'avais pas le train de sénateur qu'est devenu le mien. Plaisanterie que j'ai très bien prise, contrairement à ma fille.

Alors que son père nous devançait sans difficulté d'une centaine de mètres, elle m'a demandé pourquoi je n'étais plus capable de courir comme avant. Je lui ai répondu qu'il était normal de ne plus avoir la même condition physique à dix ans d'intervalle ;

mais elle n'a pas manqué de me faire remarquer que cela ne se vérifiait pas sur son père.

Comprenant où elle voulait en venir, j'ai concédé qu'en effet ma récente fatigue et mes traitements n'étaient pas mes meilleurs alliés ; mais aussi que peu de femmes de mon âge étaient capables de courir dix kilomètres chaque dimanche. Par conséquent, le fait que je ne puisse prétendre me qualifier aux prochains Jeux olympiques ne devait pas non plus l'inquiéter !

Nous avons continué à avancer, et j'ai fait des efforts pour aller un peu plus vite, mais elle ne retrouvait pas son sourire.

Alors la question est tombée, comme un couperet : « Maman, c'est quoi au juste ta maladie ? »

J'ai balbutié qu'il s'agissait d'un virus que j'avais attrapé vers l'âge de quinze ans, et qui ne se guérissait pas encore, même si l'on savait en limiter les effets ; que je n'étais pas en danger, mais que les traitements étaient lourds et expliquaient mes fatigues passagères. « Oui, lundi et mardi, tu étais fatiguée et tu ne supportais rien », m'a-t-elle rappelé ; je ne m'étais pas aperçue de mon irritabilité, mais me souvenais en revanche parfaitement de ma fatigue de début de semaine, et de ces « gongs » qui retentissaient dans ma tête à chaque pas.

Nous avons continué sur le parcours, mon mari et mon fils toujours quelques centaines de mètres devant, et j'ai senti qu'elle n'avait pas fini de me cuisiner.

Elle m'a demandé alors : « Mais comment tu l'as

attrapé, ce virus ? » Et là, je me suis décomposée. Impossible de lui répondre. J'ai dit que je ne savais pas. Ne voulant pas non plus lui faire penser qu'on pouvait attraper une saloperie pareille rien qu'en respirant, ou encore juste en côtoyant quelqu'un qui (comme moi), en serait porteur, je me suis sentie obliger d'ajouter quelque chose, j'aurais voulu être plus précise, mais, catastrophe, voilà ce qui est sorti : « Un jour, peut-être, je me rappellerai... »

Curieuse réponse, non ?

Oui, un jour peut-être, ma chérie, je trouverai le courage de te dire, sans mourir de honte, comment j'ai attrapé ce virus. Mais pour le moment, vois-tu, j'en suis encore incapable.

Médecine de ville… peut mieux faire

Dans les années 1990, les médecins de ville qui suivaient les séropositifs étaient regroupés en réseaux, assurant la prise en charge de nos petits maux de tous les jours avec une base de connaissances de notre pathologie et de ses traitements. Pour nous, séropositifs, c'était la certitude rassurante d'être acceptés comme patients, car au début de l'épidémie, beaucoup de médecins refusaient encore de nous recevoir… de peur qu'on ne contamine leur cabinet. Un peu comme les têtes à poux chez le coiffeur, priées d'aller voir ailleurs.

Ce réseau de praticiens formés au VIH existe toujours, à Paris comme en province. Mais, lors d'une tentative récente, je n'ai pas réussi à en obtenir la liste auprès de l'hôpital le plus proche de mon domicile, censé pourtant la détenir. De la même manière que pour le suivi pédiatrique de mes enfants, personne n'avait pu me communiquer le nom d'un pédiatre en ville travaillant en lien avec des équipes VIH, alors qu'en raison de la pathologie de leur mère, mes enfants étaient spécifiquement suivis à l'hôpital.

À l'époque où j'avais réussi à obtenir quelques noms de spécialistes susceptibles de comprendre ma pathologie et d'en tenir compte d'un point de vue médical, se faire soigner un simple rhume relevait souvent du parcours du combattant... La liste était trop peu fournie. Pendant longtemps, j'ai donc préféré ne pas révéler ma séropositivité aux généralistes, dentistes, gynécologues, que je consultais pour un suivi courant. Et quand il m'arrivait de le faire, leur surprise puis leur méconnaissance de la maladie étaient telles que je me retrouvais aussi déstabilisée qu'eux. En général, ils possédaient très peu d'informations sur le VIH et sur les effets de ses traitements. D'un point de vue médical et psychologique, cela n'avait rien de rassurant. Je préférais donc éluder, exercice dans lequel j'excellais.

L'arrivée de la carte Vitale a marqué l'arrêt de cette omission volontaire, car mon « 100 % ALD » – comprenez « Prise en charge sécurité sociale à 100 % pour affection longue durée » – apparaissait dès la première lecture. Suivait immédiatement une question sur la nature de cette affection.

Quand bien même j'aurais souhaité éluder, désormais il ne m'était plus permis de le faire.

Et puis, plus récemment, j'ai senti chez les médecins de ville un mouvement inverse, une forme de banalisation de la maladie. Aujourd'hui, le VIH est en passe de devenir une maladie chronique, dont on est censé ne plus mourir, sans pour autant en guérir de façon définitive. Les patients VIH peuvent alors être « expédiés » au même titre que les autres. « Vous êtes fatiguée ? Eh, bien dormez ! Et ne vous imaginez rien d'autre, chère madame, tout le monde fatigue ! » Voilà les propos que j'ai entendus d'un médecin de garde, une nuit d'épuisement tel que je ne parvenais même plus à dormir, et où bêtement, pour une des seules fois de ma vie, j'avais fini par appeler SOS Médecins.

Lors d'une récente consultation gynécologique, chez un médecin que je ne connaissais pas, j'ai pu vérifier à nouveau le degré d'ignorance qui persiste encore chez les médecins de ville en ce qui concerne le VIH. À la question « Et quels traitements prenez-vous ? » j'avais répondu docilement. C'était un peu long comme énumération, ayant, de plus, toujours du mal à retenir les noms de mes médicaments. Mais cette femme m'avait finalement interrompue avant même que j'en aie fini pour m'avouer que de toute façon elle ne connaissait aucune de ces molécules. Il s'agissait d'une question de pure convenance, qui n'avait manifestement aucune importance pour mon suivi.

Je ne sais pas si ce désintérêt est spécifique au VIH. Mais j'ai tout de même le sentiment que l'accompagnement des patients dans leur suivi médical courant est resté faible. Signe du malaise que provoque toujours cette maladie ? Il me semble encore parfois qu'avoir un cancer serait mieux accepté. Étrange hiérarchie des maladies…

Dans l'accompagnement des patients VIH en dehors de leur consultation spécialisée, j'aimerais toutefois rendre hommage au secteur de la pharmacie dans son ensemble.

Tout d'abord celle de l'hôpital Cochin. Le personnel y est remarquable, offrant le temps nécessaire à chaque patient, comme pour une consultation. Ces pharmaciens sont, par ailleurs, associés aux réunions médicales du service hospitalier, en particulier pour les adaptations de protocole des patients en échec thérapeutique.

L'échec thérapeutique est fréquent et je l'ai connu à de nombreuses reprises, y compris depuis l'arrivée des trithérapies. Mais la plupart du temps, il est réversible. Surtout depuis une dizaine d'années, où la recherche a eu l'avantage d'être plus rapide que les ripostes du VIH, permettant ainsi de proposer, lors de la survenance de chaque échec, un nouveau protocole efficace. Le pharmacien d'hôpital est donc parfaitement informé de ces décisions de haute importance. Au bout de la chaîne médicale, son rôle est essentiel, en complément de celui du personnel soignant.

Bon, seul problème, c'est que depuis septembre 2010, la pharmacie de Cochin ne dispense plus de traitements anti-VIH ! Mesure d'économie qui, je l'espère, ne sera pas de courte vue, car un traitement VIH coûte en moyenne 1 500 euros par mois à la Sécurité sociale (le mien, 1 700 euros), et ne s'arrête jamais, puisqu'on ne guérit pas du VIH. Si ce traitement n'est pas correctement administré, cette somme très importante est donc investie pour rien !

Mais il semblerait que les déficits budgétaires des hôpitaux et de la Sécurité sociale soient deux problèmes qu'on se refuse de traiter de façon cohérente. Sans être une spécialiste du dossier, je suis parvenue à comprendre que, pour être rentable, l'hôpital doit développer ses actes les plus tarifés. Ceux-là mêmes qui, paradoxalement, ont tendance à creuser le trou de la Sécurité sociale !

Ainsi, pour un traitement au coût aussi conséquent que celui du VIH, on se retrouve à en réduire le suivi hospitalier, quitte à prendre le risque de voir revenir des patients quelques mois et quelques dizaines de milliers d'euros plus tard, avec un stade plus avancé de la maladie qui sera économiquement plus rentable ! Et c'est valable pour toutes les spécialités. Il me semble là qu'on dévoie gravement le rôle central de l'hôpital dans le système de santé, en le transformant en organisme donneur d'actes au détriment des soins.

Pour revenir à la pharmacie, j'ai franchi le pas d'aller chercher le renouvellement de mes traitements en « ville » depuis seulement un an ; et là aussi, dans deux communes différentes, je suis tombée sur des personnes charmantes, serviables, et professionnelles. Sans avoir une connaissance parfaite des traitements, elles m'ont prêté une attention particulière, se sont démenées pour avoir mes ARV (antirétroviraux) dans les délais les plus courts (ce qui peut se révéler parfois difficile, les ruptures de stock étant fréquentes) et surtout ont fait preuve d'une vigilance renforcée vis-à-vis d'éventuelles interactions médicamenteuses pouvant être contre-indiquées.

La première fois que je me suis rendue en pharmacie de ville, j'avais tout de même dissocié la pharmacie de « famille », de celle où j'irais chercher mes traitements. De part et d'autre du boulevard commerçant proche de mon domicile, j'alternais donc d'une officine à l'autre, selon les besoins. Et puis récemment, à la faveur d'un déménagement, j'ai enfin osé passer commande de mes médicaments à l'endroit où je viens aussi prendre ceux des enfants pour leurs petits bobos. Curieusement, alors que j'ai choisi cette pharmacie par simple commodité (c'était la plus proche de mon domicile), j'ai compris que je n'étais pas la seule cliente à demander ce type de pharmacopée, car il y en avait d'avance.

Tout cela signifie surtout qu'auparavant, soit pendant douze ans de trithérapie et trois ans de bithérapie, je me suis rendue tous les mois à la pharmacie de l'hôpital où j'étais suivie. Cela représente 192 visites loin de mon domicile pour aller chercher un traitement que j'aurais pu trouver depuis une petite dizaine d'années dans une pharmacie beaucoup plus proche de chez moi.

Parce qu'une fois encore, je ne voulais pas qu'on sache de quoi je souffrais.

Les yeux des autres

J'ai compris que je n'en pouvais plus de ne m'être construite qu'à travers l'image que je donnais de moi-même ; par le seul regard des autres, dans lequel je cherchais depuis vingt-deux ans la certitude qu'ils n'avaient rien deviné du mal qui me ronge.

Mais cette lutte avait aussi occasionné un déséquilibre, un déficit d'envies. Dans tout ce que j'avais réalisé, je n'avais rien choisi par goût personnel. Je n'avais fait que ce que je considérais comme socialement normalisateur. J'avais passé un bac C (scientifique) parce que c'était « bien », alors que j'étais plutôt de sensibilité littéraire ; j'avais fait une classe préparatoire HEC parce que c'était « bien », mais je ne savais alors même pas à quelle carrière cela me préparait ; une école de commerce avec spécialisation financière parce que c'était « bien » (le mythe des années 90 du « trader »), auditeur financier puis diplômée d'expertise comptable parce que c'était « bien », directeur financier parce que c'était « bien », directeur général parce que c'était encore mieux. Mais qu'est-ce que j'aurais vraiment voulu faire de ma vie ? Je n'en savais strictement rien ! J'avais depuis trop longtemps perdu cette autonomie de décision. Je ne faisais plus que ce qu'il « fallait », pour me prouver que j'avais dompté le VIH. Pour me prouver qu'il était possible de franchir toutes ces étapes sans jamais laisser paraître la moindre trace de cette maladie, sans jamais la révéler, et en parvenant à l'oublier moi-même.

Selon la même logique, tout au long de mon évolution professionnelle, je me suis beaucoup inspirée de modèles d'hommes ou de femmes ayant réussi, et qui donnaient surtout l'impression d'être « exceptionnels ». Ils étaient intelligents, beaux, riches et parfois connus. Ils m'avaient aidée à modéliser ma propre vie. J'ai grandi dans leur sillage, j'ai emprunté leurs codes, et j'ai fini par leur ressembler et faire partie de leur cercle.

À ces icônes, je vouais un profond respect, qui me venait avant tout de mon éducation. Mon sens aigu de la hiérarchie me rendait extrêmement dévouée à ceux sur lesquels j'avais jeté mon dévolu. Pour un patron, avoir une proche collaboratrice qui vous suit sur tous les fronts, vous soutient et travaille d'arrache-pied, est une vraie chance, et c'est donc avec beaucoup de plaisir réciproque que nous avons formé ces binômes. Ils m'apportaient leur aura et me montraient le chemin à suivre pour leur succéder. Moi, je leur donnais ma force de travail, et un engagement total.

Jamais ils n'ont su qui j'étais réellement, et cela n'avait aucune importance. Nous avons tous des failles, la mienne n'était soupçonnée par aucun de ces mentors, parce qu'elle était tout simplement inconcevable. Même à mes yeux, la réalité avait fini par sembler improbable, et c'était bien là l'effet désiré.

Mon meilleur mentor a été une femme, à laquelle j'ai pu très facilement m'identifier du fait précisément qu'elle soit une femme. Exception faite qu'elle était grande et blonde, et moi petite et brune. Elle était dotée d'une classe naturelle, toujours élégamment vêtue, conduisant des voitures de grande marque, et elle était devenue la coqueluche des médias « business ». À tout cela j'aspirais, et j'apprenais dans ses pas. À son départ, j'ai d'ailleurs pris sa place et ressenti un plaisir certain à rentrer dans son sillage, avant d'y apposer ma propre empreinte. Comme elle, je me suis vêtue élégamment, me suis mise à rouler dans des voitures de luxe, à être courtisée par les médias, pour finalement faire mon entrée dans le *Who's who*... que je n'ai par ailleurs jamais consulté !

Mais l'imitation d'un modèle ne produit généralement qu'une pâle copie.

Heureusement, ai-je presque envie de m'exclamer, mon hôte indésirable s'est sournoisement rappelé à mon bon souvenir, et tout est remonté à la surface. J'ai décidé de cesser de capter le regard des autres, et d'avoir enfin le courage de me regarder en face ; de m'estimer pour ce que je suis vraiment.

C'est un chemin difficile dans lequel je m'engage. En renvoyant une image plaisante de moi-même, je ne faisais que flatter le regard des autres. De maladie, il n'était pas question, je ne faisais miroiter que les attributs de ma réussite personnelle. Rien de plus aisé, dans ces conditions, que de se sentir valorisée et aimée.

Aujourd'hui, je ne sais pas quelle sera la réaction de mon entourage vis-à-vis de ma nouvelle démarche. La maladie va prendre sa juste place dans mon existence, je ne vais plus occuper de hautes fonctions car ma fatigue m'en a dissuadée, et je ne chercherai plus à mettre en vitrine mes signes de réussite sociale. Un tableau forcément moins gratifiant pour mon entourage. M'en aimeront-ils moins qu'avant ?

Je ressemble un peu, dans un autre genre, à ces femmes ordinaires qui s'adonnent à la pratique de l'effeuillage. À l'image de ces femmes qui dévoilent avec drôlerie leur corps imparfait, sans aucune obscénité, pour se sentir belles et séduisantes, je me suis dévoilée pour m'accepter, telle que je suis. Et comme elles, je dois l'avouer, le jugement des autres sur ma personne me terrifie encore. Ayant confiance en mes proches, la plus anxiogène de toutes les sentences envisagées reste celle du voisinage. Plus précisément, je redoute les réactions possibles à l'encontre de mes enfants, dans le cadre de leur vie quotidienne, et scolaire, en particulier. Si je suis libre aujourd'hui d'affirmer au grand jour ce que je suis, si je suis enfin prête à l'assumer, je vais en revanche devoir l'imposer à mes proches et en particulier à mes enfants. À l'image de certaines questions stupides entendues lors des réunions de rentrée scolaire – auxquelles j'ai assisté avec une rare assiduité en cette nouvelle période –, je me suis imaginé les inquiétudes que pourrait soulever la connaissance de ma pathologie au sein de l'école :

« Comment peut-on laisser nos enfants côtoyer les enfants de cette dame ? Ne faut-il pas les isoler ? Ne convient-il pas de les obliger à décliner leur sérologie tous les six mois ? Nos enfants peuvent-ils continuer à aller chez eux sans danger ? »

Ou encore, venant de camarades de classe : « Ma maman m'a dit que ta mère avait le sida, la maladie des prostituées, et qu'elle allait bientôt mourir. »

Voilà quels sont aujourd'hui mes nouveaux démons.

Oui, j'ai peur pour mes enfants.

Renoncement

C'est fait, j'ai annoncé officiellement que je renonçais à mon poste de directrice générale.

J'ai motivé cette décision en expliquant qu'étant donné les problèmes de santé que je venais de traverser je ne pouvais pas continuer à occuper un poste dont le niveau d'investissement personnel n'était plus compatible avec la nécessité de me préserver.

Je suis fière d'avoir fait ce choix. Renoncer à une fonction prestigieuse au profit d'une page blanche est une sensation exaltante. Un peu comme un saut à l'élastique… juste avant le rebond.

Oui, c'est à Monsieur Rien que je dois faire honneur. Parce que c'est lui qui m'a fait signe, après ces vingt-deux ans de silence… ou plutôt d'enfermement. Je l'ai libéré, et je vais pouvoir travailler à l'accepter, dans toutes ses dimensions, qui font aussi ce que je suis aujourd'hui. Je me suis tenue promesse ; ce n'était pas qu'un état d'âme dû à une fatigue passagère ; désormais, c'est une réalité.

Cette raison de santé, déclarée officiellement, est en soi une grande avancée du point de vue de la vérité. Mais, je n'ai pas donné plus de précisions… il ne faut pas pousser non plus !

Un quotidien de notre presse professionnelle a parlé me concernant de « longue maladie ». J'ai pensé un temps demander un droit de réponse pour expliquer que non, ça n'était pas un cancer. Mais comment qualifier un mal qui vous habite depuis vingt-deux ans… c'est long vingt-deux ans ! Alors, j'ai laissé courir. Oui, c'est une très longue maladie que la mienne. Et seuls les guillemets étaient de trop.

Mes nombreux contacts professionnels m'ont témoigné avec beaucoup d'empathie leur soutien. C'est une situation paradoxale, car après ces quelques mois de repos, je me porte plutôt mieux, et cette décision me procure un tel soulagement, que j'ai l'impression de vivre un nouveau printemps dans ma vie. On me croit mourante, alors que je suis florissante. Certes, le VIH, que j'arrive désormais à nommer, reste mon invité. Et lui aussi se porte bien… hélas. Qui de lui ou de moi partira le premier ? Que me réserve-t-il comme surprises dans les années à venir ? Nul doute qu'il est en pleine effervescence. C'est avec cette intuition que je prends aujourd'hui les meilleures dispositions pour y faire face. Me préparer à ces difficultés est, comme pour la préparation d'une épreuve sportive, le meilleur moyen de les affronter.

J'ai d'ailleurs repris le sport que j'avais dû délaisser ces derniers temps à cause de mon déficit d'énergie. Je ne vais rien laisser au hasard. Je dois lui montrer que mon corps m'appartient ; il n'en disposera pas comme bon lui semble.

Sous mes muscles roulés, mon cœur de coureuse, mes artères de jeune première, mes poumons de non fumeuse, il a intérêt à être balaise. Mais je le connais, c'est un adversaire redoutable, malin, et surtout… peu loyal.

Merci

Je n'ai pas voulu révéler à l'ensemble de mes collaborateurs, ni de mes partenaires professionnels, la nature de ma maladie. Mais, en revanche, j'ai décidé de jouer la transparence avec certains d'entre eux, dont, au premier rang, mon actuel patron, président de cette grande entreprise dans laquelle j'exerçais mes dernières fonctions depuis maintenant dix-huit mois.

Mon patron n'a rien d'un tendre. Aux yeux de nombreuses personnes, il donne même l'impression d'être d'une grande dureté, voire, d'une certaine agressivité. Il dirige sans concessions, et va droit où sa stratégie le conduit, peu importe la casse. Ses résultats (financiers, s'entend) en résultent excellents. Il a certainement de l'argent, roule dans de grosses ou sportives voitures, joue au golf… bien que le sport auquel je l'aurais plus facilement associé soit la boxe. Bref, il est dans le système, comme on dit.

C'est précisément à cause de cette dureté que j'ai deviné sa capacité à accueillir ma révélation : quand on s'est érigé ainsi, c'est qu'on a forcément été malmené un jour, et les épreuves traversées rendent parfois plus à même d'entendre celles des autres. Par ailleurs, j'adhère entièrement à l'une des formules qu'il a souvent appliquée à des projets que personne ne pensait réalisables, et qui, par la suite, ont fait la réussite de l'entreprise : « Il n'y a pas de fatalité. » Je suis payée pour savoir à quel point c'est vrai ! Et je sais combien la volonté de ne jamais s'en remettre à la pensée générale, ni à ses pronostics hasardeux, peut sauver.

Pour toutes ces raisons, bonnes ou mauvaises, j'ai décidé de lui dire la vérité. Pas tout de suite. Mais au compte-gouttes, au fil de ces semaines qui m'ont permis de comprendre ce qui m'arrivait, cet état de grande faiblesse générale qui était à relier à ma pathologie, lien que j'avais mis, aussi incroyable que cela puisse paraître, autant de temps à établir. Tout d'abord, j'ai mentionné une fatigue chronique. Puis, quand j'ai compris que c'était Monsieur Rien qui remontait à la surface, et que cela allait remuer beaucoup de choses chez moi, après toutes ces années de refoulement, je lui ai dit que j'étais porteuse du VIH ; et que l'épuisement dans lequel je me trouvais me recommandait de renoncer à ma fonction. Pour ne pas aggraver les choses.

Il ne s'est pas montré décontenancé. Mais quand je lui ai révélé que je vivais avec le VIH depuis vingt-deux ans, et qu'il a compris que tout mon parcours, de lycée, de classe préparatoire, de grande école, de jeune cadre, puis de dirigeante, mais aussi de femme et de mère de famille, je l'avais fait avec cet intrus en moi, son estime n'en a été que démultipliée.

Pour la première fois, j'étais admirée PARCE QUE j'avais le VIH.

Cette réaction de mon PDG m'a redonné confiance en moi, car jusqu'au bout de cette conversation, j'avais redouté une forme ou une autre de rejet. Mais non, au contraire, il m'a fait part de son admiration, et rien d'autre, chose que je n'avais tout simplement pas anticipée.

Je n'avais jamais bénéficié du recul nécessaire pour admettre ce côté atypique et en quelque sorte extraordinaire de mon parcours. Puisque j'avais fait de ma pathologie un non-lieu, il n'y avait rien d'exceptionnel à y voir.

Encouragée par cette annonce, j'ai décidé de révéler ma séropositivité à certaines de mes autres relations de travail. Généralement des personnes que j'appréciais et avec qui je tenais à partager cette réalité, afin qu'elles comprennent la véritable raison de mon renoncement professionnel. Il s'agissait de personnes qui n'avaient jamais eu l'occasion de côtoyer de près le VIH. Pourtant, toutes m'ont manifesté leur considération, et je crois, également, leur admiration sincère. Beaucoup y ont vu aussi la clé qui leur manquait pour comprendre mon fonctionnement, pour comprendre comment une jeune femme avait pu mener cette brillante carrière, sans faire de concession sur sa vie de famille, tout en gardant recul et sérénité face aux événements, souvent difficiles, du monde professionnel.

Je les remercie de leur compréhension. Ils seront certainement surpris que je m'en étonne, mais en leur avouant la vérité, j'ai vraiment craint d'être encore une fois bannie de leur rang.

Je pense aussi que c'est une belle revanche sur la stigmatisation de cette maladie. Il est donc possible d'appartenir au haut management d'une entreprise, d'avoir une vie de famille, d'être socialement intégré, c'est-à-dire d'être doté du même potentiel que n'importe qui d'autre, en étant séropositif et sous traitement. Peut-être mon exemple pourra-t-il donner confiance à ceux qui connaissent la même malchance que la mienne ?

Quant au fait qu'une telle franchise puisse ne rien changer au regard porté sur nous, voire le renforcer positivement… mon optimisme n'est pas aussi aveugle. Si j'avais révélé publiquement ma pathologie en amont de mon parcours professionnel, je n'aurais jamais pu vivre ni écrire cette histoire. Il est d'ailleurs peu probable que mon secret soit accueilli avec autant de bienveillance par la majorité des gens. L'avenir me le dira. Dans un premier temps, j'ai sélectionné les personnes à qui je disais la vérité en fonction de leur ouverture d'esprit, et seulement quand nous avions un vécu en commun. Pour autant, ces personnes ne sont pas des responsables associatifs. Ce sont des patrons d'entreprise, de hauts cadres dirigeants, et mon cas ne peut que les aider à modifier leur regard sur les personnes atteintes par le VIH.

J'ai donc décidé de parler, de m'engager pour que change la perception de cette maladie dans le monde professionnel, et je suis prête à prêter mon nom, mon visage et mon histoire à cet engagement. C'est une décision difficile d'associer son identité au VIH, quand tout le combat de sa vie a précisément été de cacher sa pathologie. Mais aujourd'hui, je me sens redevable. Et je veux témoigner.

En attendant, je remercie tous ceux et celles qui, à l'annonce de ma maladie, m'ont manifesté leur affection et leur soutien.

Dix-huit ans

J'ai toujours trouvé futile de fêter mon anniversaire. À quoi bon égrener ces années qui me rapprochaient inéluctablement de l'échéance ? Tout le monde a un jour ce sentiment. Mais souffler sur chaque nouvelle bougie me renvoyait à une fin de vie que j'imaginais précoce. Ce refus de célébrer le temps qui passe m'a permis de ne pas trop y penser. De plus, étant née entre Noël et le Jour de l'An, il m'était assez facile de déjouer les éventuelles attentions de mon entourage. Par la suite, j'ai eu la bonne idée de mettre au monde mon fils durant cette même période. Le peu d'attention restante s'est alors focalisée sur ses bougies à lui !

Mais à l'approche de mes trente-huit ans, j'ai soudain éprouvé l'envie de fêter mon anniversaire. Certes, il couronnait une année forte en révélations. Et avant toute chose, une révélation personnelle : le fait d'accueillir au grand jour ma pathologie avait modifié mon rapport aux autres. Quelque chose était en train de changer dans mes relations avec les personnes qui m'avaient soutenue pendant cette année, qu'elles aient eu ou non la connaissance de mon mal. Car il n'est pas toujours besoin de se dévoiler complètement pour être en accord avec les autres. Et que ma vérité ait été explicitée ou non, j'avais enfin le sentiment d'entrer en résonance avec mon entourage proche, de façon plus juste qu'auparavant. Peut-être parce que je me sentais enfin honnête avec moi-même.

J'ai donc eu envie de réunir famille, amis et connaissances proches avec lesquels je me sentais en harmonie. Et j'ai décidé, symboliquement, que cet anniversaire ne serait pas tant celui de mes trente-huit ans, que celui des dix-huit années écoulées depuis mes vingt ans, l'âge que je pensais ne jamais atteindre.

Cela faisait donc dix-huit ans que j'avais déjoué le malin dessein de la maladie, et évité ce cul-de-sac auquel elle était supposée me conduire. Et puis, dix-huit ans, cela sonnait comme l'âge de la majorité, comme une maturité enfin acquise face à la maladie.

Alors j'ai préparé cette fête avec enthousiasme. J'ai même osé faire allusion à ce qui m'avait fait réunir toutes ces personnes, et à cette symbolique personnelle des « dix-huit ans ». J'ai simplement partagé avec eux ma joie d'être encore là, et ai remercié ceux qui, d'une manière ou d'une autre, consciemment ou pas, m'avaient guidée sur ce chemin de vie sans que je m'écroule. Je leur ai dit aussi l'espoir que je continuais à nourrir dans l'avenir, en dépit de ma fatigue.

Tous ne connaissaient pas exactement mon état de santé, mais tous savaient que j'étais convalescente et sortais d'une maladie dont j'avais du mal à parler. Et, pour la première fois, j'ai accepté leur compassion, et parfois leur admiration. M'entendre dire « Tu es un exemple pour nous », de la part de ceux dont je ne pensais pas arriver à la cheville, m'a procuré une intense émotion.

Mon père, qui a souvent, il est vrai, la larme facile, a tout de même beaucoup pleuré, cette fois-ci, en entendant ces mots qui lui étaient plus particulièrement destinés :

« En apparence trente-huit ans, c'est assez banal. Me concernant, c'était tout simplement inespéré. Il m'a fallu prendre une année de recul pour en mesurer l'importance, et en quelque sorte prendre conscience de l'exploit que cela représente. Statistiquement, j'aurais dû franchir la dernière ligne il y a déjà dix-huit ans ; mais je suis restée sur la piste, et j'ai continué à courir, de plus en plus vite, à en perdre haleine souvent, jusqu'à l'épuisement. Il est vrai que j'ai été à bonne école pour savoir que, dans la vie, rien ne s'obtient sans douleur ; il faut croire que ça m'a finalement aidée. »

Il fallait bien que ça commence à sortir !

Puis, j'ai aperçu de loin ma filleule âgée de vingt-quatre ans qui manifestement avait du mal à se remettre de ses émotions. Je me suis demandé pourquoi ces quelques paroles, purement allusives, l'avaient plongée dans un tel état de chagrin. J'ai attendu quelques jours pour poser la question à ma mère.

La réponse me persuade de l'intérêt strictement personnel de cet ouvrage. Il me faudrait des années pour raconter à chacun, individuellement, ce qu'a été mon parcours depuis mes quinze ans. Ma filleule, dont les parents sont pourtant les personnes les plus proches de mes parents, ne savait pas que j'étais séropositive. Elle l'a donc compris ce jour-là, quand sa maman lui a expliqué à quoi mes paroles faisaient référence. Elle n'avait que deux ans lorsque j'ai été diagnostiquée, et ne m'a donc connue qu'avec cette maladie qu'elle n'a pourtant jamais soupçonnée. Aucune indiscrétion n'a jamais pu la lui laisser deviner. Personne n'avait jamais osé enfreindre notre silence, pas même les membres les plus proches de notre entourage.

Je suppose qu'elle n'est pas la seule à avoir reçu un choc ce jour-là. Mais, souvent, chez les jeunes gens, les émotions sont à fleur de peau. J'ai été émue par sa spontanéité, et je voudrais lui dire qu'elle ne s'inquiète pas pour moi, car je ne me suis jamais sentie autant en accord avec moi-même qu'aujourd'hui.

Invalide

Après un certain nombre de démarches administratives, me voilà classée « invalide » par la Sécurité sociale, du moins en ce qui concerne la profession de dirigeante d'entreprise que j'exerçais jusqu'alors.

Contrairement aux idées reçues, ce nouveau statut n'a rien d'humiliant. Je l'ai même sollicité pour pouvoir mettre fin à mon arrêt maladie et établir mon incapacité actuelle à reprendre une fonction équivalente. Cela ne m'empêchera ni d'avoir d'autres activités ni de me déplacer librement – deux gros inconvénients de l'arrêt maladie ! Et comme j'avais déjà sagement décidé de renoncer à mes fonctions, tout cela tombe plutôt bien.

Ce certificat d'invalidité est là pour me protéger, en empêchant que je sois contrainte de reprendre un travail dont le rythme serait incompatible avec mon état général.

Il y a encore dix-huit mois, j'aurais considéré cette

notion d'invalidité comme un gros mot ! J'avais même le sentiment grisant d'être encore plus valide que les valides, et ce malgré une maladie et des traitements réputés pour être particulièrement invalidants. Mais j'ai abusé trop longtemps de cette adrénaline, et de grisée je suis devenue saoule. Puis comateuse.

J'ai donc été jusqu'au bout du chemin. Non seulement je suis parvenue à accepter mon état, mais j'ai assumé de le faire reconnaître par la société.

Et je ne me sens aucunement diminuée par cette désignation. J'en suis au contraire soulagée. Elle m'enlève un poids énorme, celui de me sentir obligée de faire tout mieux que les autres, malgré un lourd handicap.

Oui, tout cela est bien fini. J'accepte mes faiblesses. Et dans cette seconde tranche de vie, ce sera ma nouvelle force ! Je suis enfin redevenue humaine !

D'ailleurs, toute forme de tension est retombée chez moi. J'ai le sentiment d'entrer en communion avec moi-même et donc avec les autres. Je me sens en état de grâce. Et bizarrement tout redevient possible, mais à la différence des années passées, je n'ai plus d'autre objectif que celui d'apprécier la vie.

Je savoure la possibilité de m'occuper de mes enfants ; j'ai réalisé un vieux rêve qui était d'apprendre le piano, en espérant un jour m'accompagner au chant ; je lis beaucoup ; je prends le temps de voir les gens que j'aime ou de correspondre avec eux ; et puis, bien sûr, j'écris. Écrire m'aide à mettre en ordre mes idées face aux changements radicaux qui s'opèrent dans ma vie ; j'ai l'impression de ranger une commode dont le linge était en complet désordre, bien que sur celle-ci trônât un superbe bouquet de fleurs. Ma commode a pris des airs plus modestes, mais, au moins, je sais ce qu'elle contient. Un à un, je referme chaque tiroir en douceur. Si j'ai besoin d'y revenir, je sais que tout y sera en place.

Je reste par ailleurs impliquée professionnellement en tant que conseil indépendant pour des instances du tourisme. C'est peu contraignant, plutôt plaisant, et mon expérience acquise dans ce secteur me simplifie considérablement la tâche. Bien que je n'aie matériellement pas besoin d'exercer une activité, c'est pour moi un devoir moral de ne pas vivre à la charge de la société. Garder sa force de travail ou de création, qu'elle soit marchande ou non, est encore la meilleure protection qu'on puisse se donner pour conserver durablement sa dignité.

Mano Solo

Aujourd'hui, nous célébrons le premier anniversaire de la mort de Mano Solo.

Alors j'ai eu envie de citer quelques paroles de sa chanson testamentaire « Je suis venu vous voir[1] », parce qu'elles expriment avec une sincérité implacable le sentiment de révolte de tous ceux qui ont traversé les vingt-cinq dernières années de cette maladie en pensant y laisser leur peau.

« Je suis venu vous voir avant de partir,
Y'avait personne ça vaut mieux comme ça.
Je savais pas trop quoi vous dire,
Croyez pas que je vous abandonne
Même si encore une fois,
Je vous laisse le pire,
Les larmes qu'on verse sur la mort d'un homme.
Adieu mes amis, je me serais bien battu encore,

1. « Je suis venu vous voir », Mano Solo, 1997, Label Warner.

Un mal qui ne se dit pas

Adieu mes amours, priez pour moi.

....

Mes amis ne pleurez pas,
Le combat continue sans moi.
Tant que quelqu'un écoutera ma voix
Je serai vivant dans votre monde à la con.
Avec du sang plein les orbites
Et même du plastique sur la bite,
Je vais sûrement être recalé à l'examen du grand sage,
Mais j'en profiterai quand même pour lui dire
ce que j'en pense de l'existence, cette engeance.
Et s'il ne voit pas que je suis un ange,
Alors qu'il change de boulot.

...

Adieu, mes amis, priez pour moi. »

Il avait composé cette chanson en 1997. Il est mort en 2010. Entre-temps, il a vécu treize années avec la peur de mourir.

Quant à moi, comme disent ceux du pays d'où vient mon nom, Inch Allah.

Hymne à la vie

Je n'ai jamais été aussi apaisée qu'aujourd'hui, aussi heureuse de mordre la vie à pleines dents, sans la surjouer. Mon parcours a été semé d'embûches, mais je m'en suis sortie. C'est sur les morts qu'il convient de pleurer, non sur les vivants.

Elles sont étranges, d'ailleurs, cette compassion et cette tristesse qu'inspirent les survivants d'un drame, quel qu'il soit. Sans doute parce qu'ils portent la mémoire de tous ceux qui ont succombé. Mais il ne faut pas substituer la mémoire des morts à la sienne.

Oui, j'ai frôlé la mort, mais cela me l'a rendue plus acceptable, et a souvent contribué à raviver la flamme de mon existence.

J'aurai trente-neuf ans cette année, et en parais un peu moins. Tout le monde me trouve reposée, avec un nouveau visage. C'est la première remarque que me font les personnes que je n'ai pas revues depuis un moment, lesquelles ignorent généralement ma pathologie : « Que tu as bonne mine ! » Ce n'est pas tant que j'ai bonne mine, c'est que je suis réconciliée avec moi-même et cela se voit.

Hier matin, j'étais avec Bruno Spire, président de l'association Aides, à laquelle j'ai décidé de reverser les droits d'auteur de ce livre. C'était la première fois que je parlais du VIH à quelqu'un qui avait la même pathologie que la mienne ; j'ignorais d'ailleurs que c'était son cas, jusqu'à ce qu'il me le dise, très naturellement. J'ai appris depuis que sa contamination était de notoriété publique, sans quoi je ne me serais pas autorisée à en parler ici. Je continue à penser que l'on ne peut réduire une personne à cette information ; avoir le VIH est une incidence, pas une identité.

Le lendemain, je menais une délégation auprès du directeur de cabinet du ministère des Affaires étrangères, entourée des dirigeants des principaux voyagistes français, pour militer en faveur d'une levée de l'avis déconseillant de se rendre en Tunisie après la révolution de Jasmin, et permettre la reprise de l'activité touristique de ce pays pour lequel cette ressource est essentielle.

Invitée sur un plateau télé d'une grande chaîne d'information, j'ai ensuite filé à l'école pour récupérer mes enfants, au milieu des nounous et des mères au foyer.

Je suis tout cela à la fois et l'assume désormais pleinement, sans tiraillement ni contradiction. Passer de l'un à l'autre de ces statuts dans une même journée constitue même mon nouvel équilibre. Chaque pan a sa place, que je ne surinvestis pas.

Je ne suis pas non plus détachée. J'ai mes peurs et mes exaltations, mes maladresses et mes bonnes intentions. Mais je me sens enfin équilibrée, au sens où je suis parvenue à rendre compatibles les différentes facettes de ma personnalité.

Je suis femme, mère, professionnelle, séropositive, et me sens tout cela à la fois, avec cohérence.

La vie me sourit à nouveau, et moi aussi.

Remerciements

J'ai écrit ce texte dans une démarche de vérité pour moi-même, mes parents, mes enfants, mes proches, et dans un but thérapeutique. Si j'ai accepté de le rendre public, c'est pour aller au bout de cette démarche, mais aussi dans le but de contribuer à changer le regard sur le VIH, ce « mal à dire » ; et pour que ceux qui traversent une expérience comparable à la mienne, celle de la honte et du secret qui rongent l'âme, celle de la maladie qui sème inexorablement sa terreur, puissent s'y reconnaître, et, pourquoi pas, y trouver quelque raison d'espérer.

Je remercie tous ceux qui m'ont encouragée dans ma démarche :

Benjamin, mon médecin,
Vanessa, qui a porté ce projet éditorial et m'a fait accoucher des passages les plus douloureux,
Nicole Lattès, qui a décidé sans aucune hésitation de publier ce récit insolite,
le professeur Chavanet, qui n'avait rien oublié,
mes parents, qui par leur encouragement ont facilité ma libre parole, quelle qu'en soit leur probable souffrance,
Philippe, pour n'avoir jamais jugé ma démarche.

Composition Interligne

Cet ouvrage a été imprimé
en octobre 2011 par

FIRMIN-DIDOT

27650 Mesnil-sur-l'Estrée
N° d'édition : 51887/01
N° d'impression : 107974
Dépôt légal : novembre 2011

Imprimé en France